T0113029

El peso de las apariencias

Stefano Bartoli
Lara Ventisette

El peso de las apariencias

Por qué la primera impresión es la que cuenta

Traducción: Maria Pons Irazazábal

Herder

Título original: Il peso delle apparenze
Traducción: Maria Pons Irazazábal
Diseño de la cubierta: Toni Cabré

ISBN: 978-84-254-5093-8

Imprenta: Liberdúplex
Depósito legal: B-5.740-2024

Impreso en España – Printed in Spain

Herder

herdereditorial.com

Índice

Introducción

En la década de 1960, una cadena de televisión californiana emitía un programa conducido por un presentador llamado Joe Pyne, que se distinguía por la actitud cáustica y agresiva con que habitualmente trataba a los invitados al programa, por lo general actores o cantantes en busca de publicidad o representantes de organizaciones sociales y políticas marginales. Los modales bruscos de Pyne pretendían provocar a los invitados incitándolos a discutir animadamente, a hacer confesiones embarazosas o simplemente a hacer el ridículo.

No era raro que, en cuanto se presentaba un nuevo invitado, Pyne le lanzara un ataque personal. Según algunos, esta agresividad se debía, al menos en parte, a una grave minusvalía: la amputación de una pierna le habría hecho especialmente mordaz y hostil con todo el mundo.

Una noche, el invitado al programa era Frank Zappa, el músico de rock. En esa época los hombres con el cabello largo todavía provocaban cierto escándalo. En cuanto el invitado se sentó, se produjo este intercambio de frases:

Pyne: «Por la longitud de su cabello podría decirse que es usted una chica».

Zappa: «Por la pata de palo se diría que es usted una mesa».[1]

Pasamos mucho tiempo pensando en los demás, expresando continuamente opiniones sobre quienes conocemos personalmente o a través de los medios de comunicación o de las descripciones de los demás; impresiones que influyen de manera decisiva en nuestro modo de sentir, de decidir y de actuar.

Por una extraña broma del destino, nos resulta imposible no comunicar: todo lo que hacemos o no hacemos, decimos o no decimos... Nuestra apariencia comunica al instante a los demás quiénes somos y qué vida llevamos.

Nos jugamos nuestra reputación en los primeros segundos de interacción con un desconocido, mientras en su mente se emite el efecto «primera impresión», que lanza su profética sentencia y determina el futuro de la relación.

Acorralados, debemos decidir si queremos seguir soportando el relato que enviamos al mundo o si es preferible aprender a gestionarlo, variándolo en función de la época en que vivimos, de las situaciones, de los interlocutores y de nuestros objetivos.

Ser presa de las propias impresiones y de los propios juicios implícitos puede significar sufrir amargas desilusiones, serias frustraciones y desagradables padecimientos. Elegir soportarlos equivale a perder las riendas de nuestra propia vida.

Por el contrario, gestionar el propio *habitus,* la propia actitud exterior, significa aprender a domar los juicios in-

1. Robert B. Cialdini, *Influence. The Psychology of Persuasion,* Nueva York, William Morrow & Company, 1984.

conscientes tomándolos en consideración sin concederles demasiado poder, sino convirtiéndolos en valiosos aliados a la hora de calibrar las expectativas frente a nosotros mismos, frente a los demás y frente al mundo.

Stefano Bartoli
Lara Ventisette

PRIMERA PARTE

Arte y técnica de la apariencia: impresiones padecidas y gestionadas, cómo no dejarse manipular

«¿Qué es más verdadero: tú tal como te ves a ti mismo, o tú tal como te ven los demás? ¿Tú, según tus intenciones y tus motivos, o tú mismo como producto de tus acciones? Y además, en todo caso, ¿qué son tus intenciones y tus motivos, y quién es el tú que tiene tus intenciones?».

Aldous Leonard Huxley
Las puertas de la percepción, 1954

1. El arte de observar

«Podemos tener todos los medios de comunicación
del mundo, pero nada, absolutamente nada,
sustituye la mirada del ser humano».

PAULO COELHO

Manual del guerrero de la luz, 1997

En abril del año 1612, en la isla de Funa-jima (hoy conocida como Ganryū-jima), tuvo lugar el que fue definido como el «duelo más extraño» en la historia de las artes marciales niponas.

Los dos contendientes eran el espadachín llamado Kojirō Sasaki, conocido por su técnica de combate elegante y letal llamada *estilo de la golondrina,* inspirada justamente en el vuelo del pájaro y basada en el contraataque con una catana más larga de lo normal; y el famoso samurái Miyamoto Musashi, considerado el guerrero más grande de la historia japonesa.

El escenario del duelo era la playa de la isla, al amanecer. Kojirō, siguiendo las buenas costumbres militares, se presentó a la cita con antelación, vestido con su famosa armadura de color rojo, que, según se decía, infundía un gran temor a sus adversarios. Musashi, en cambio, se retrasó más de tres horas, hasta el punto de que hubo que enviar un emisario a buscarlo y se lo encontró durmiendo aún.

Despertado por el emisario, Musashi se levantó, desayunó con calma y, antes de partir, cogió el remo de una barca y lo cortó de tal modo que lo convirtió en un bastón largo y manejable.

El retraso había puesto nervioso a Kojirō, pero lo que le hizo perder del todo la paciencia fue ver llegar a Musashi con toda la calma, sin espada, caminando por la orilla apoyado en un bastón, fumando una especie de pipa hecha con una concha, vestido con ropa raída y sucia y unas sandalias gastadas, rascándose incluso las nalgas y con el largo cabello sin recoger en la tradicional coleta de los samuráis.

Según la costumbre de la época, todos aquellos signos tenían un único significado: la mayor falta de respeto que se podía cometer a los ojos de un adversario.

Kojirō, cegado por la cólera ante semejante provocación, no se dio cuenta de que el bastón del adversario estaba en parte sumergido en el agua, de modo que no se podía intuir su longitud. Sin pensarlo dos veces, se lanzó furiosamente contra Musashi, arrojando con rabia la funda de su espada al agua.

Musashi, con la pipa aún en la boca, esquivó fácilmente aquel tajo impreciso y con un golpe limpio de su bastón partió en dos la cabeza de su adversario. El choque había durado menos de tres segundos.

La victoria en el duelo no la decidió la habilidad técnica en la lucha, sino la estrategia utilizada para presentarse ante el adversario; estrategia basada justamente en lo que podríamos definir como el efecto «primera impresión», es decir, cómo activar sensaciones en el otro y las posteriores reacciones según lo que ve.

Y precisamente con el sentido de la vista empezamos el análisis de cómo construir y gestionar la primera impresión, y cómo evitar ser manipulados.

Desde un punto de vista antropológico, la vista es el sentido que proporciona la primera percepción de la realidad que nos rodea. La evolución de la tecnología y el cambio en el comportamiento humano han hecho que la capacidad de observar el ambiente, a los otros y a uno mismo haya sufrido una involución, esto es, el hombre moderno ha desaprendido a observar.

Para comprobarlo, bastaría un simple experimento: permanecer parados unos treinta minutos en una calle muy transitada de una ciudad para observar el comportamiento de la gente.

El resultado nos sorprenderá: más del 95% de las personas camina con la mirada baja o pendiente del móvil, escuchando música o hablando por teléfono; o, en el mejor de los casos, absorta en sus pensamientos, sin prestar apenas atención al entorno y a sus peligros.

En cambio, si caminásemos por África o por ciertas regiones de Oriente o de América del Sur veríamos que las personas todavía prestan especial atención a su entorno, puesto que es muy probable que se encuentren con animales o situaciones peligrosos.

El hecho de que ante un posible riesgo o peligro nuestra atención se desplace hacia nuestro entorno nos permite entender que es precisamente el sentido de la vista el activador ancestral de la sensación del miedo; y, por tanto, la vista es el sentido que nos permite percibir el peligro de forma óptima.

Al mismo tiempo, la vista se convierte también en activadora de otra sensación básica extraordinariamente poderosa: el placer.

Si pensamos en cómo se produce un flechazo, observamos que lo que desencadena el enamoramiento es el juego de miradas entre dos personas. Igualmente, un progenitor que contempla a su hijo recién nacido siente que aumenta el sentido de protección y de amor simplemente mirándolo.

El filósofo danés Søren Kierkegaard ya nos advertía a este respecto hace dos siglos: «Lo que se ve depende de cómo se mira. Porque observar no es solo recibir, desvelar, sino que también es un acto creativo».

De modo que la vista no solo nos alerta del peligro, sino que desencadena también las distintas formas de complacencia, activando las dos sensaciones más primitivas: miedo y placer.

Saber desarrollar la capacidad de observación será, por tanto, esencial para el tipo de relación que se establezca con el otro, porque es justamente el contacto ocular lo que determinará nuestra primera impresión, o si percibiremos al otro como peligroso o agradable.

Al principio de la interacción será la mirada la que dominará la escena del contacto entre las personas, ya que es la señal no verbal más poderosa que posee el ser humano; y es precisamente a través de la mirada como podemos vehicular las informaciones sobre nuestro estado emocional y percibir al otro.

Algunos estudios recientes de *neuroimaging* han revelado que un contacto ocular, «los ojos en los ojos», puede activar cinco regiones cerebrales más que las que se activarían en una mirada no correspondida. Y también se ha demostrado que algunas de estas regiones están relacionadas con la vivencia de fuertes respuestas emocionales (Sanju y Johnson, 2009).

Esto significa que el contacto ocular es la modalidad con la que es posible transmitir y hacer vivir experiencias emocionales muy intensas, y precisamente por eso hay que saberlo gestionar. Es más, gracias a las neuronas espejo, distribuidas en distintas zonas cerebrales, el ser humano es capaz de reproducir los mismos esquemas motores, conductuales y emocionales de la persona que observa (Rizzolatti y Gnoli, 2018).

Lo que no deberemos hacer, por tanto, es rehuir el contacto visual para no transmitir una sensación de desinterés o rechazo, aunque también deberemos evitar mantener la mirada fija en los ojos de nuestro interlocutor demasiado tiempo, para no producir una sensación de desafío, embarazo o cerrazón.

La manera más eficaz de lograr que el otro se sienta cómodo será evitar fijar la mirada en un punto concreto y dirigirla a distintos puntos del rostro, si se trata de una relación cercana, centrándonos en las cejas, frente y contorno del rostro, o bien dirigirla a todo el cuerpo, de la cabeza a los pies, si el contacto visual es desde lejos.

Nuestra forma de mirar y de captar la mirada del otro determinará la primera sensación que produciremos, tanto en el otro como en nosotros mismos.

Los encantadores de serpientes, típicos de India y del Oriente Medio sufista, son auténticos maestros en el arte de observar y captar la mirada del que tienen enfrente.

Tocando una especie de flauta, llamada *pungi,* logran sacar a la serpiente de la cesta e hipnotizarla. Lástima que las serpientes no puedan reconocer ninguna melodía, porque carecen de membrana auditiva, oído medio y trompa de Eustaquio, y solo perciben las vibraciones del suelo con el oído interno, a través de los huesecillos situados en la mandíbula.

Por tanto, si no es el sonido lo que atrae a la serpiente y la induce a moverse al ritmo de la música, ¿qué es?

En realidad, el reptil no se concentra en la melodía, sino en la flauta, que percibe como una amenaza. Si analizamos bien la escena, podemos ver que el encantador mueve el instrumento de derecha a izquierda, rítmicamente, captando la atención de la serpiente e induciéndola a seguir sus movimientos; es decir, solo capta la mirada del animal, que permanece centrado en el posible peligro de la flauta y sigue su trayectoria.

También en este caso, como en el de los dos guerreros japoneses, la vista ha activado la sensación de miedo en la serpiente y ha provocado una reacción de defensa.

Por último, la mirada desempeña una función importante en la configuración de nuestra presencia física, porque es justamente la mirada la que dirige y dicta el ritmo de nuestra forma de andar y de nuestra postura. (Más adelante se explicará con más detalle cómo utilizar la mirada para controlar nuestra manera de andar y nuestra postura).

Saber observar y gestionar el contacto visual se convierte, por tanto, en el primer elemento esencial para causar una buena primera impresión, que no es más que el estudio sistemático de todos los elementos que nos pueden ayudar a crear la imagen que se percibe de nosotros.

Al fin y al cabo, la apariencia es como un espejo que, en vez de robar el alma, como se creía en la Edad Media, la crea. Citando las palabras del escritor francés Edmond de Goncourt: «Aprender a ver es el aprendizaje más largo en todas las artes».

2. La prosodia y la palabra

«Todo resulta un poco distinto
cuando se dice en voz alta».
Hermann Hesse
Siddharta, 1922

El segundo factor decisivo que influye en la primera impresión es la voz, y aquí entra en juego el sentido del oído.

Si, como decía Shakespeare, «los ojos son el espejo del alma», la voz en cambio entra por los oídos y llega al corazón.

El tono de la voz, el volumen, el ritmo, las pausas y la velocidad de la elocución (lo que se denomina lenguaje *paraverbal*) son el otro componente principal en la creación de la imagen que se percibe de nosotros, hasta el punto de que la mirada y la voz juntas transmiten aproximadamente el 80% de la emotividad.

El lenguaje paraverbal no solo sirve para connotar emocionalmente el discurso, sino que también transmite mucha información sobre el estado de ánimo y sobre otras características de quien habla. Los indicios vocales parecen ser los indicadores no verbales más utilizados para inferir los estados de ánimo de los demás en nuestra vida diaria (Juslin y Scherer, 2005).

Las investigaciones demuestran que el ritmo, la entonación, la intensidad (o volumen) de la voz y sus variaciones son los principales indicadores capaces de revelar el tipo de emoción que experimenta el interlocutor.

Por ejemplo, una observación del compañero expresada con un volumen creciente y con un ritmo apremiante nos producirá mucho más desagrado que la misma argumentación enunciada en voz baja, con un ritmo regular y relajado, porque en el primer caso los indicios vocales revelarán un estado emocional de cólera.

Por cierto, la cólera parece ser la emoción que se reconoce con más facilidad, mientras que el disgusto, la ternura y el desprecio son las emociones menos reconocibles a través de la voz (Anolli y Ciceri, 1997).

El efecto de cada comunicación cambia según cuál sea su percepción sonora, hasta el punto de ejercer una poderosa influencia en el interlocutor y, por tanto, en la modificación de las percepciones.

Hay que añadir además que, más allá de los indicios vocales, también contribuyen a hacer musical y emotiva nuestra elocución los rasgos «suprasegmentales», es decir, la entonación con que pronunciamos las palabras, el acento que utilizamos y el tiempo que empleamos en expresarlas.

Al analizar estos aspectos de manera más detallada debemos tener presente que el timbre, el tono y el volumen de la voz deberán modularse para complementar los movimientos del cuerpo, los gestos y, obviamente, el contenido del mensaje, es decir, la parte verbal.

Veamos algunos ejemplos. Si lo que hago es relajado, mi lenguaje paraverbal también deberá tener un ritmo ni demasiado rápido ni demasiado lento, un tono adecuado y un volumen sin grandes cambios.

Si voy a decir una cosa importante, que quede impresa en la mente de mi interlocutor, deberé hacer una pequeña pausa, luego subir un poco el volumen y bajar el tono, recalcando bien las palabras y haciendo otra pausa al final del enunciado. En cambio, si deseo que el interlocutor se sienta a gusto, deberé ralentizar mi elocución, bajar el volumen y moderar el sonido de la voz.

Por el contrario, si el objetivo es estimular, motivar y despertar el interés del otro, tendré que aumentar tanto el ritmo como el volumen de la voz, pero con armonía musical; en este sentido, basta escuchar a algunos de los famosos *trainers* y *coaches* americanos, que dominan el arte del lenguaje paraverbal hasta el punto de conseguir conmover a grandes audiencias más por cómo dicen las cosas que por lo que transmiten. Por otra parte, en el arte dramático es una de las habilidades fundamentales que el actor debe adquirir para suscitar la emoción de su público (Nardone *et al.*, 2020).

Saber gestionar la propia voz significa también saber dominar la respiración, porque el control de la respiración es lo que nos permite, más que cualquier otra técnica, modular el sonido y las variaciones rítmicas del volumen.

En la creación de una primera impresión será fundamental, por tanto, utilizar sabiamente todos los elementos paralingüísticos, puesto que su gestión influirá en los estados emocionales tanto de quien recibe el mensaje como de quien lo emite.

Para lograr este propósito, conviene subrayar que, si aumento el ritmo y elevo el volumen, subirán todos mis parámetros fisiológicos, como en una reacción de fuerte ansiedad; si, por el contrario, ralentizo la elocución y bajo el volumen, recalcando bien las palabras, me calmaré y aumentaré la sensación de autocontrol.

Este «efecto neuronas espejo» (Rizzolatti y Sinigaglia, 2006, 2019; Rizzolatti y Vozza, 2007) lo transmitimos a quien nos escucha, que se verá claramente influido por él, es decir, se mostrará agitado cuanto más agitados nos perciba y nos rechazará porque estamos ansiosos, o simplemente nos juzgará descalificándonos; en cambio, si nos ve calmados y carismáticos, se sentirá atraído y fascinado.

En la construcción de una buena primera impresión deberemos evitar los tonos demasiado ásperos, chillones o altisonantes y optar por una voz persuasiva y cálida, una voz que pueda encantar con su musicalidad.

Igual que la mirada domina nuestro porte y nuestra postura, también una sabia gestión del lenguaje paraverbal guiará espontáneamente nuestras microexpresiones faciales, las sonrisas, la proxémica y los movimientos de la cabeza: es decir, la modulación de la voz guiará el movimiento proxémico.

Si tenemos en cuenta que los principales factores que influyen en el otro son la mirada, la voz, la sonrisa, la expresión facial y la proxémica, será imposible gestionarlos todos a la vez, ya que nos encontraríamos con un bloqueo de la espontaneidad y de la fluidez, como ocurre en la anécdota del ciempiés que, cuando intenta mover voluntariamente sus mil patas, en vez de dejarlas actuar de manera instintiva, acaba bloqueándose.

En cambio, si solo nos centramos en la mirada y en la voz, esto es, en los dos sentidos más potentes que tenemos, la vista y el oído, todos los otros elementos funcionarán de manera armónica y espontánea.

Saber utilizar bien la voz no es un don reservado a unos pocos elegidos, es una habilidad que puede entrenarse con una práctica constante, de manera que puede afirmarse que no existen voces feas, sino solo voces no entrenadas.

A fin de cuentas, los sonidos, los gestos y las palabras son como los instrumentos principales de esa orquesta sinfónica que crea la impresión que damos de nosotros a los demás, y viceversa: que los otros nos ofrecen a nosotros, de manera consciente o no.

3. Los procesos de influencia

«La comunicación no es lo que decimos,
sino lo que llega a los demás».
THORSTEN HAVENER
Sé lo que piensas, 2013

Cuando hablamos de los procesos de influencia del efecto «primera impresión», nos referimos a la tendencia a atribuir a los demás determinadas cualidades, formulando implícitamente juicios antes de los primeros intercambios comunicativos.

Buena parte de este mecanismo se produce gracias a una percepción inmediata de lo que la persona experimenta, y no a través de procesos cognitivos conscientes. Esto significa que las sensaciones experimentadas también influyen en la formación de los juicios posteriores, desencadenando el proceso que nos lleva a construir la imagen que nos hacemos de los demás (Sirigatti *et al.*, 2008).

De lo expuesto hasta aquí se desprende que ha llegado el momento de poner de relieve todas las maniobras necesarias para gestionar de manera eficaz nuestra primera impresión.

Sin embargo, antes de adentrarnos en los detalles técnicos, conviene subrayar algunos puntos esenciales que nos ayudarán a comprender mejor el funcionamiento de todos los procesos perceptivo-emocionales y de comunicación que constituyen la base de las técnicas para causar una buena primera impresión.

En el éxito del primer encuentro, ya sea con un desconocido o con una multitud, intervienen muchos factores que se entrecruzan en dinámicas articuladas e interdependientes.

Los términos «comunicación» y «comportamiento» deben considerarse aquí como sinónimos, porque los elementos de la pragmática, además de las palabras y de sus significados, son los hechos no verbales concomitantes y el lenguaje del cuerpo. Además del habla, todas las acciones del comportamiento personal han de considerarse comunicación, y toda la comunicación, incluido el contexto en que esta se produce, influye en el comportamiento personal (Watzlawick *et al.,* 1967).

Sería utópico tratar el tema de la presentación de nosotros mismos como si fuésemos individuos aislados del contexto en el que esta se desarrolla; sin tener en cuenta que, desde los primeros momentos de una nueva interacción, se manifiestan los cinco axiomas de la comunicación humana, produciendo efectos concretos.

Aunque remitimos a un tratamiento más exhaustivo, vamos a enumerarlos a continuación a modo de recordatorio. Primer axioma: «no se puede no comunicar»; segundo axioma: «toda comunicación tiene un aspecto de contenido y un aspecto de relación»; tercer axioma: «la naturaleza de una relación depende de cómo se pautan las secuencias de comunicación entre los comunicantes»; cuarto axioma: «la comunicación humana está compuesta de códigos analógicos y digitales»; quinto axioma: «todos los intercambios comunicativos son simétricos o complementarios dependiendo de si se basan en la igualdad o en la diferencia».

Ante todo, debemos tener en cuenta que toda la dinámica conductual manifestada en la interacción es un mensaje comunicativo, ya que no pueden no existir los «no comportamientos».

> El hombre sentado a un abarrotado mostrador en un restaurante, con la mirada perdida en el vacío, o el pasajero de un avión que permanece sentado con los ojos cerrados, comunican que no desean hablar con nadie o que alguien les hable. (Watzlawick *et al.,* 1967)

También hay que considerar el aspecto relacional de la comunicación como marco de referencia metacomunicativa, que da significado al aspecto de contenido, de manera coherente o de manera ambigua.

Imaginemos, por ejemplo, que nos presentan a un interlocutor desconocido que, con un tono inexpresivo, aire distraído y mirando hacia otro lado, nos dice: «Encantado de conocerte».

Nuestra percepción estará muy influida por la manera en que se ha elaborado la frase, es decir, por la forma; y será precisamente esta última la que determinará el aspecto relacional.

Hay que tener en cuenta, además, la puntuación de las secuencias de comportamiento entre los comunicadores, ya que es la que organiza su modo de actuar.

Para aclararlo mejor, podemos pensar en las veces en que llamamos «líder» a una persona que actúa de una determinada manera en un grupo, y «seguidora» a otra persona, aunque, bien pensado, es difícil decir cuál está antes o cuál sería la definición de una si no existiera la otra.

Asimismo resulta útil recordar que los dos modelos, el analógico y el digital, utilizados por los seres humanos en la comunicación, poseen una sintaxis y una semántica diferentes.

El lenguaje digital se caracteriza por una sintaxis lógica eficaz y compleja, pero carece de una semántica adecuada en el ámbito relacional, mientras que el lenguaje analógico posee una semántica, pero carece de una sintaxis adecuada para definir de una forma no ambigua la naturaleza de la relación.

Como confirmación de esto puede resultar útil observar que en la interacción entre desconocidos con una sonrisa se puede expresar comprensión o desprecio; igualmente, la reserva puede ser una manifestación de indiferencia o bien de desprecio. De hecho, la comunicación analógica no especifica cuál de los dos significados es el correcto, mientras que la comunicación digital carece de un léxico idóneo para definir lo que ocurre en la relación (Watzlawick *et al.,* 1967).

Por último, la interacción que se inicia entre dos interlocutores puede basarse en un modelo simétrico o en un modelo complementario. Cuando prevalece el modelo simétrico, se produce entre los interlocutores un reflejo conductual y una reducción de las diferencias. El modelo complementario, en cambio, se caracteriza porque uno de los interlocutores adopta una posición superior, mientras que el otro se mantiene en una posición inferior. También contribuyen a que la relación entre dos personas que interactúan sea simétrica o complementaria tanto las diferencias entre los estilos relacionales de ambos como el contexto social y cultural.

Esa dinámica resulta evidente si pensamos que al iniciar una nueva interacción un interlocutor no impone voluntariamente al otro una relación complementaria (o simétrica), sino que cada uno se comporta de tal manera que influye en el comportamiento del otro, en una reciprocidad constante que va dibujando el significado de cada uno; significado que podrá cambiar con el tiempo.

Esa relación, simétrica o complementaria, está vehiculada sobre todo por la comunicación no verbal.

Al margen de las numerosas fórmulas sobre cuál es el mejor modo de presentarse a un desconocido, hay que insistir en la incesante labor que realiza nuestro cerebro para crear realidades percibidas que tengan que ver, ante todo, con nuestras experiencias y expectativas emocionales.

Sin embargo, los estudios sobre la comunicación no verbal coinciden en considerar esencial la utilización estratégica de los actos comunicativos que más influyen en la percepción que el otro tiene de nosotros, tanto en los primeros contactos como en la continuación de la relación.

Desde un punto de vista del funcionamiento psicológico, la moderna neurociencia ha demostrado que más del 80% de nuestras actividades humanas se desarrolla al margen de nuestro pensamiento (Koch, 2012), y que la milenaria supremacía atribuida a la conciencia elevada sobre la inconsciencia primitiva es solo una cuestión de lógica o un autoengaño del ser humano para hacerse la ilusión de poder, gracias a la razón, dominar todo lo que hay fuera y dentro de sí mismo.

Investigadores de la talla de Joseph LeDoux (2002), António Damásio (2010) e incluso antes Michael Gazzaniga (1999), considerado el padre de la neurociencia moderna, han revelado en trabajos replicables y validados posteriormente por un número cada vez mayor de neurocientíficos los mecanismos por los que la mente antigua, esto es, el paleoencéfalo, es en buena parte «impermeable» a la influencia del telencéfalo, esto es, la corteza cerebral.

Esto indica que los procesos cognitivos y el pensamiento consciente tienen poca capacidad de modificar las dinámicas típicas de nuestras sensaciones más atávicas, como el miedo, el dolor, la rabia o el placer, que solo responden a experiencias reales vividas o evocadas.

Esta introducción es fundamental, porque todo lo que se expondrá a continuación tiene que ver no tanto con procesos lógicos y racionales como con procesos de influencia activa de sensaciones y percepciones.

También es necesario aclarar que nuestros sentimientos nunca son puros, pues están influidos por distintos factores como el estado de ánimo, las experiencias vividas anteriormente, los esquemas adquiridos de respuesta automatizada y la perspectiva desde la que se mira, se escucha, se toca o se huele algo (Nardone, 2019).

Las acciones que surgirán de las sensaciones creadas y estimuladas no serán el resultado de decisiones conscientes, sino el resultado de una interacción entre las peculiaridades del individuo y el estímulo que activará los sentimientos.

Por otra parte, lo único que podemos hacer en este caso es controlar y dominar el tipo de estímulo que hay que inducir para crear en el otro el efecto sensorial deseado.

Finalmente, debemos prestar atención al hecho de que el efecto «primera impresión» es producido, en más del

80% de los casos, por la comunicación no verbal y por el reconocimiento de formas exteriores.

Estos dos elementos han permitido a la humanidad sobrevivir durante milenios y, por tanto, son connaturales al ser humano como estructuras atávicas y primordiales, y precisamente por eso se convierten en los elementos principales que hay que gestionar en la primera impresión.

Por otra parte, lo que podemos observar es la manifestación de lo que sucede: su expresión, su forma, no su origen. Y precisamente sobre esta forma externa recibimos las impresiones internas.

Parafraseando al filósofo chino Lao-Tsé: «Un árbol cuyo tronco es tan grande que no podemos rodearlo nace de un minúsculo brote. Una torre de nueve pisos surge de un puñado de tierra. Un viaje de mil millas empieza con un solo paso».

4. *De mendacio:* entre la verdad y la mentira

«En las cuestiones más importantes lo verdaderamente esencial es el estilo, no la sinceridad».

OSCAR WILDE

La importancia de llamarse Ernesto, 1895

Vamos a analizar ahora la influencia que los demás ejercen sobre nosotros; concretamente, vamos a tratar de una de las situaciones que más turbación y dificultad crean al ser humano: la interacción con un mentiroso y, peor aún, la incapacidad de distinguir entre quien miente y quien dice la verdad.

¿Qué ocurre si la primera impresión que nos formamos de un desconocido está deformada por una mentira? ¿Es posible reconocer a un mentiroso a simple vista? ¿Qué características tiene la comunicación mentirosa? ¿Cuáles son las estrategias para desenmascarar las mentiras y saber utilizarlas sin ser presa de ellas?

Para vivir de manera equilibrada y funcional la constante interdependencia relacional entre nosotros, los demás y el mundo, es imprescindible saber reconocer y gestionar la manipulación de los demás y entrenarse en el arte de desvelar los objetivos y las expectativas que tienen con respecto a nosotros.

Como escribió el filósofo Ludwig Wittgenstein: «Mentir es un juego que debe aprenderse», ante todo para no ser víctima de él, pero también para mejorar nuestras habilidades.

La genial comedia de Oscar Wilde *La importancia de llamarse Ernesto (The importance of being Earnest),* escrita en 1895, trata de dos amigos de toda la vida, Algernon Moncrieff y Jack Worthing, que, por diferentes motivos, fingen llamarse Ernesto.

Toda la comedia se basa en el juego de palabras entre el nombre propio «Ernest» y el adjetivo *earnest* (serio, fiable, honesto), que en inglés se pronuncian igual.

Ninguno de los dos hombres es realmente *earnest* (honesto), ni «Ernest», pero gracias a la mentira en la que se basa la comedia finalmente ambos conquistarán a sus amadas, además de descubrir que son hermanos.

Se trata de una extraordinaria simplificación literaria de cómo se difuminan los límites entre la verdad y la mentira, y de hasta qué punto la mentira es parte integrante de la vida de todo ser humano.

Por otra parte, el físico y filósofo austriaco Heinz von Foerster afirmaba: «La verdad es la mentira de un embustero».

En general, damos crédito a las personas que nos parecen sinceras, pero ser sinceros significa decir lo que se considera verdadero, no decir la verdad.

Pretender distinguir claramente la verdad de la mentira significa querer clasificar la realidad mediante dicotomías que se basan en parámetros de la lógica clásica aristotélica, esto es, en los principios fundamentales de la lógica occidental.

Si observamos la evolución del pensamiento científico occidental, vemos que los dos conceptos de «verdadero» y «falso» coexisten continuamente, y que de los principios lógicos de verdadero/falso y del tercio excluido derivan otros principios de la lógica tradicional: el principio de no contradicción, el principio de coherencia y el principio de congruencia.

Cuando se habla de «mentira» y de «verdad» siempre debemos considerar una interdependencia recíproca entre los dos polos.

Entre las antiguas estratagemas chinas, recogidas en un tratado de estrategia militar que revela una serie de trucos utilizados en la guerra, en la política o en la vida social, hay una que dice así: «mentir diciendo la verdad», o, en su versión invertida, «decir la verdad mintiendo»: esto indica que existe una constante interdependencia entre verdad y falsedad.

Sin duda, la lógica aristotélica ha servido para aumentar el conocimiento científico durante muchos años, pero no es casual que este perdure de manera categórica en la cultura occidental, donde, en un momento determinado, el conocimiento científico se convirtió en una especie de fe religiosa, hasta el punto de que moralismo y ciencia empezaron a discurrir en paralelo.

En otras culturas, como por ejemplo las orientales, la mentira no solo no se condena, sino que incluso es apreciada como elemento estratégico en determinadas circunstancias.

En Japón, en China, en Indonesia, hasta Oriente Medio, y en muchas formas de dilema islámico, en relación con ciertos movimientos políticos de oposición interesados en unir islamismo y democracia, las mentiras declaradas se utilizan como si fueran verdades y así se transforman en un instrumento estratégico.

Antes de aprender cómo se desenmascara la mentira, hay que aprender a mentir muy bien, porque solo si uno sabe mentir de manera eficaz consigue reconocer a un hábil mentiroso.

El estudio sobre las neuronas espejo nos muestra que mientras dos personas se comunican se crea una especie de reflejo desde el punto de vista neuropsicológico, por el que si yo soy un mentiroso puedo entrar en contacto con el otro mentiroso (Rizzolatti y Sinigaglia, 2006, 2019).

Para hacer un análisis de todas las formas posibles de detección de la mentira hay que partir de la base de que existen distintos tipos de mentira, y no uno solo.

Ya en los preceptos católicos se habla de dos clases de pecado: el pecado de omisión y el pecado de mentira. Pero ¿cuál es la diferencia entre omitir y mentir?

La omisión significa: «Yo no te lo digo todo, te oculto algo, pero no te digo una cosa falsa. Digo verdades, pero no te las digo todas».

La mentira, en cambio, se produce cuando decido declarar o hacer algo que es deliberadamente una falsificación respecto de lo que debería ser la realidad compartida.

Ahora bien, esto nos lleva todavía más lejos: ¿qué es el concepto de «realidad» y el de «verdad»?

Unos 2500 años después del bueno de Aristóteles, en las formas de epistemología y de lógica avanzada ya no hay nadie que pueda sostener que la realidad A es la realidad A para todos.

Sabemos que, como somos individuos que tienen un modelo de percepción particular, cada uno de nosotros construye sus realidades y sus verdades.

La realidad es la verdad que cada uno de nosotros construye a través del sistema neurológico, a través de la comparación con las experiencias vividas, las teorías creídas, la fe abrazada y la experiencia entre el pasado inmediato y el pasado posterior; mientras que la verdad es lo real que nos ocurre, aunque solo sea nuestra percepción.

Tomemos el ejemplo de una persona con un trastorno paranoico severo y con manía persecutoria: verá enemigos en todos los individuos que encuentre. Y aunque esto no sea la realidad, en el sentido de que los otros no son realmente enemigos, en cualquier caso será su realidad experimentada y, en consecuencia, una verdad.

La verdad en sentido revelado solo existe en la observancia de una creencia, puesto que la misma realidad percibida desde puntos de vista diferentes, y con instrumentos distintos, cambia.

Sin embargo, esto no debe considerarse un dilema o una esclavitud del funcionamiento humano, sino la posibilidad que tiene el hombre de poder cambiar de ideas, creencias y convicciones, es decir, la posibilidad de ser libres de elegir, pese a la condena de ser esclavos de esa libertad.

Incluso en un mundo tan poco sospechoso como el de la ciencia, el principio de indeterminación de Heisenberg nos explica que también los instrumentos del investigador en el laboratorio influyen en lo que el observador mira.

Si analizamos las verdades históricas, podemos decir que, en el fondo, la realidad es una creencia compartida y que, por tanto, una mentira tratada como verdad se convierte en una verdad, siempre que sea compartida por muchas personas.

En las sectas religiosas, por ejemplo, las personas empiezan a practicar toda una serie de rituales basados en una determinada creencia, hasta que la repetición de estos rituales construye la creencia en la verdad de esa fe.

La verdad, por tanto, se construye sobre la base de una creencia que, reiterada mediante una ritualización de acciones, se refuerza hasta estructurar una creencia tan fuerte que induce a la persona a hacer cosas absolutamente impropias de un razonamiento correcto.

Si analizamos los principios lógicos en los trastornos mentales más graves, el mecanismo es el mismo. Retomando el ejemplo del individuo que tiene manías persecutorias, vemos que este siente que todo el mundo se la tiene jurada, que todo el mundo puede conspirar contra él; en realidad, está construyendo una verdad basada en una creencia mentirosa, construida por él mismo, que refuerza continuamente mediante sus intentos de defenderse.

El individuo en cuestión ve que alguien lo mira mal y a partir de ese momento empieza a encerrarse en una comunicación defensiva, o bien interactúa con tanta rigidez que comunica al otro que se está defendiendo. El otro, que tal vez tenía una actitud amable, percibe que el individuo está rígido y se defiende poniéndose rígido a su vez.

En este caso se trata de dos personas que se han puesto rígidas porque cada una piensa que la otra la rechaza, pero la otra la rechaza porque se siente rechazada a su vez. Y de este modo se llega a la *escalation,* una situación en la que estos pensamientos empeoran hasta que cada uno piensa que el otro es un enemigo. En el caso del paranoico observamos una generalización total, de manera que la persona ve enemigos por todas partes.

Es muy útil reflexionar sobre el hecho de que tanto la verdad como la mentira son una construcción, porque si analizamos cómo construimos las verdades y cómo construimos las mentiras, podemos defendernos de todos los mecanismos de manipulación que el otro tiende a utilizar a partir del primer intercambio comunicativo, en el que la primera impresión cobra forma.

5. Manipulación, autoengaños y contramaniobras

«La teatralidad y el engaño son
instrumentos poderosos.
Tienes que ser más que un hombre
a los ojos de tu adversario».
RA'S AL GHUL
Batman Begins, 2005

Entre las formas de mentira menos declaradas y más importantes se encuentra el autoengaño.

Todos nosotros nos autoengañamos continuamente, es decir, tendemos a confundir la realidad con nuestros deseos (Elster, 1978).

Se trata del fenómeno mentiroso más curioso, menos estudiado y más importante, porque el que se autoengaña utiliza una mentira estratégica, como el manipulador, pero no lo hace conscientemente, sino a través de procesos que en ese momento no controla, a través de mecanismos que no llegan a la conciencia.

En el autoengaño no hay una separación consciente de la realidad que permita planificar cómo me estoy engañando.

Es posible aprender a hacerlo, pero para lograrlo hay que ser diestros en el autoengaño y el diálogo interior. Por consiguiente, la mayoría de las veces los autoengaños surgen sin que lo hayamos decidido y, sin embargo, sus efectos son determinantes en nuestra vida.

Intentemos reflexionar: ¿por qué la persona traicionada siempre es la última en enterarse? Porque tiene tendencia a autoengañarse y no quiere ver lo que ocurre.

¿Por qué los padres son los últimos en darse cuenta de que su hijo es toxicómano o delincuente? Porque no lo quieren ver, ya que existe un rechazo emocional, no cognitivo.

Estas son las famosas mentiras que nos contamos y que son útiles para nuestro equilibrio psicológico.

Se trata del aspecto más interesante, porque saber gestionar estratégicamente los propios autoengaños, en la medida de lo posible, nos ayudará a evitar caer en la trampa de ser influidos o manipulados por el otro desde el momento del primer contacto.

Si analizamos el funcionamiento del autoengaño y de la manipulación, observamos algunas formas de influencia extremadamente importantes aplicadas a la primera impresión y que coinciden con la manipulación de nuestra atención.

1.º Tipo de primera impresión manipuladora: focalización de la atención

La primera forma de manipulación que podemos sufrir es que el individuo que tenemos delante consiga captar y dirigir nuestra atención hacia donde él quiere.

El objetivo del manipulador será atraer la atención sobre alguna cosa concreta para apartarla de otra que tal vez desea mantener oculta.

El control de la atención se consigue haciendo que esta no sea dispersa, sino concentrada en pocos elementos y, por tanto, selectiva. La atención más dispersa permite la percepción de detalles significativos (Watzlawick, 1976) y una capacidad de percibir el conjunto de modo más eficaz.

Conseguir focalizar la atención desencadena un proceso de búsqueda de la comprensión del detalle y, por tanto, una activación de la conciencia a expensas del conocimiento (Nardone y Bartoli, 2019). Esto reducirá notablemente nuestra capacidad de percibir la impresión global del otro y nos hará reaccionar en función de lo que él desea.

Por el contrario, si nuestra atención es libre de vagar, podrá captar detalles que deberían permanecer ocultos.

> Cuando un estímulo llama la atención, se producen importantes modificaciones en el encéfalo: si registramos la actividad eléctrica del cerebro de un gato mientras está tumbado tranquilamente al sol, observaremos un patrón simétrico, muy parecido al típico del sueño. Si en ese momento introducimos un ratón en el campo visual de nuestro gato, la actividad eléctrica sufrirá un cambio inmediato, perceptible en forma de una desincronización de la frecuencia de descarga. Esta sincronización va acompañada de la reducción de la capacidad de fijar la atención en otra cosa. (Ganong, 1979)

Para lograr esto, el manipulador utilizará todo un repertorio de gestualidad y mímica, que deberá representar a la perfección, y se vestirá con ropa de colores contrastados.

Sin embargo, lo importante es que los estímulos propuestos por el manipulador, tanto desde el punto de vista de la comunicación verbal como de la no verbal, sean pocos, ya que es imposible fijar la atención al mismo tiempo en muchos estímulos.

Una vez identificados los gestos que hay que realizar, se deberán repetir de forma frecuente y rítmica, a fin de captar la atención desde el primer momento y mantenerla en las siguientes interacciones.

Ese tipo de manipulación puede ser extraordinariamente potente, puesto que la focalización de la atención también es la base de la inducción hipnótica, y la primera impresión manejada de esta manera puede crear auténticas sugestiones manipuladoras.

Un ejemplo de esta primera impresión es la que utilizan los ilusionistas, prestidigitadores y mentalistas de escenario.

El prestidigitador sabe qué es lo que llama la atención: lo que se mueve respecto de lo que está parado, lo que se mueve rápidamente respecto de lo que se mueve lentamente, el contraste de color o de forma o de dimensión; también hay objetos que atraen de distinto modo a diversos tipos de público. El buen prestidigitador sabe aprovechar todas estas diferencias con astucia (Nardone y Rampin, 2002).

La contramaniobra que podemos utilizar es desplazar, voluntariamente, nuestra atención hacia la parte del cuerpo opuesta a aquella en la se produce el movimiento, para luego ampliar la visión.

Por ejemplo, si una persona se acerca a nosotros cojeando, será conveniente observar la pierna que apoya correctamente, luego los brazos y los hombros y, después, el rostro, para descender tal vez hacia la pierna que cojea.

Si una persona utiliza un tono de voz especial, será importante centrarnos, más que en la musicalidad de la voz, en el contenido del discurso, y viceversa.

La base de la contramaniobra es hacer que nuestra percepción sea lo más global posible, creando así una distracción de la focalización, porque si la atención es dispersa no se podrá activar el estado de sugestión o hipnosis.

2.º Tipo de primera impresión manipuladora: destacar y luego distraer

Este segundo tipo de manipulación consiste en destacar una característica de nuestro comportamiento, o de nuestro aspecto, a fin de captar en primer lugar la atención. Una vez captada la atención, se produce la distracción, esto es, alguna cosa que pueda dirigir la mirada del otro hacia donde queremos que vaya.

Michael Posner y Stephen Boies destacan en sus estudios sobre los procesos de atención que, una vez que la atención está selectivamente concentrada, es difícil que se dirija a más de un objeto a la vez.

Cosa que facilita el fenómeno de la distracción, puesto que la introducción en el campo visual de un objeto más interesante que aquel hacia el que inicialmente estaba dirigida la atención la desplaza hacia él (Sokolov, 1960).

El objetivo, por tanto, es focalizar la atención y luego desplazarla hacia lo que queremos.

Por ejemplo, si nos acercamos pisando de una manera llamativa, captaremos la atención; si añadimos el hecho de llevar un calzado muy especial o que contrasta con el resto, esto hará que la atención se centre en la observación de los detalles. En ese momento, si abrimos los brazos de forma ostensible como si quisiéramos abrazar al otro, su atención se desplazará hacia arriba por el gesto. Actuando de este modo haremos que el otro pierda totalmente la percepción de nuestro rostro, de nuestra mirada y de lo que podamos llevar en la mano.

El objetivo de esta manipulación es dirigir nuestra atención para crear una primera impresión de lo que deseamos mostrar y omitir lo que no queremos mostrar.

Si, por ejemplo, a una mujer le gusta una parte de su cuerpo que considera especialmente atractiva, tratará de destacar sus características y reducirá la exaltación de lo que quiere omitir.

También en este caso la contramaniobra consiste en desplazar nuestra atención hacia lo que la persona no quiere destacar, a fin de poder observar en su globalidad al sujeto que tenemos delante.

Conseguir mantener una visión sobre toda la persona sin dejarse captar la mirada nos garantizará una percepción más clara de quien está delante y nos impedirá caer en la trampa, ya descrita, del encantador de serpientes.

3.º Tipo de primera impresión manipuladora: hacer que el ambiente hable por nosotros

Este tercer tipo de manipulación se refiere al hecho de preparar el «campo de batalla» de antemano, a fin de influir en las sensaciones de los demás respecto de nosotros sin tener que estar necesariamente presentes.

Para ello habrá que preparar el ambiente donde tendrá lugar el encuentro. Una vez dispuesto el escenario, el efecto se potenciará si dejamos solo al individuo unos minutos, sin distracciones. Durante este tiempo su atención se verá atraída de forma natural por los detalles, y estos trabajarán en la mente del sujeto para crear la impresión y modificarán sus expectativas sobre nosotros.

Tras ese tiempo de espera, la entrada en escena deberá realzar las características del ambiente o estar en contraste total con él, pero manteniéndose en la frecuencia habitual de la impresión creada.

Imaginemos que deseamos cerrar una reunión de negocios con una venta por un precio muy alto. Deberemos recibir a la persona en un ambiente refinado y elegante, o que cree la sensación de estar en un lugar cuidado hasta en los mínimos detalles y con un mobiliario valioso.

Dejemos que el sujeto admire los cuadros famosos, los sillones refinados, las alfombras valiosas, los muebles antiguos y los objetos caros. Para confirmar la impresión creada, habremos de vestirnos o en armonía con el ambiente, con ropa elegante y modales educados, o con ropa más informal pero muy sofisticada, casi extravagante, y con accesorios de valor.

En ambos casos demostraremos que no somos personas que venden cosas de poco valor, sino todo lo contrario.

En estas situaciones la contramaniobra consistirá en adaptarse lo antes posible al ambiente, aunque este pueda ser una mera construcción o una especie de escenografía.

Deberemos dar la impresión de estar muy a gusto y exaltar las características de belleza y refinamiento del ambiente para luego, si es posible, empezar a comentar detalladamente algunos elementos que lo componen, como en una charla entre expertos, aunque sin entrar en competición.

Si el sujeto demuestra que no sabe cómo responder a nuestras cuestiones y trata de irse por las ramas, descubriremos que estamos ante un bluf; si, por el contrario, nuestro interlocutor sabe argumentar bien, se producirá un intercambio comunicativo que creará una sintonía útil para la continuación de la reunión. En este caso, el ambiente será realmente una «emanación» suya, es decir, representará su personalidad y su estilo y estaremos ante una persona sincera.

Una mentira secundada a menudo cae por su propio peso, mientras que si la persona se relaja mostrará su verdadera naturaleza (Nardone, 2014).

4.º Tipo de primera impresión manipuladora: el efecto sorpresa

Esta forma de manipulación consiste en ser totalmente naturales en un primer momento y sorprender luego a la persona con algo inesperado e imprevisto.

El objetivo de este tipo de maniobra no es tanto crear una cierta impresión de nosotros como entender mejor a la persona que tenemos delante desde los primeros momentos de la interacción.

No es casual que en determinados tipos de monasterios cristianos o budistas los novicios fueran interrumpidos durante sus primeras oraciones, meditaciones o charlas por fuertes ruidos o por cambios bruscos de iluminación. Según cuál fuera su reacción, podía saberse hasta qué punto eran sugestionables. Si la persona se distraía y empezaba a mirar a otra parte, o hablaba de la «sorpresa», se la orientaría hacia determinadas actividades, distintas de las del que permanecía concentrado.

Dinámicas similares pueden encontrarse en los procesos de selección de los cuerpos especiales militares o de las élites de inteligencia, donde, en los momentos más inesperados y fuera del trabajo, se crean voluntariamente situaciones de dificultad, de embarazo o de incomodidad con el fin de evaluar cuál es la reacción de las personas que se va a seleccionar.

En este caso no existe una contramaniobra específica, ya que ante un hecho inesperado se desencadenarán nuestras reacciones más paleoencefálicas y no mediadas por el razonamiento. La única manera de gestionar bien el efecto sorpresa es haber cultivado una profunda capacidad de dominio de nuestros impulsos atávicos desarrollando una actitud interior de imperturbabilidad y de no respuesta a las provocaciones.

Esto demuestra que los procesos cognitivos y el pensamiento consciente tienen poca capacidad de modificar las dinámicas típicas de nuestras sensaciones más atávicas, como el miedo, el dolor, la rabia o el placer, que solo responden a experiencias reales vividas o evocadas.

Racionalizar el miedo cuando nos invade no solo no lo reduce, sino que a menudo lo alimenta (Nardone, 1993, 2003, 2016); interpretar un placer compulsivo no nos libra de ningún modo de ser arrastrados por él; razonar sobre lo que nos hace sufrir como una pérdida no elimina el dolor (Cagnoni y Milanese, 2009); por último, intentar conscientemente dominar un pensamiento obsesivo mediante un exceso de ira no nos hace asumir su control.

Y todo esto precisamente en virtud de que el pensamiento consciente es incapaz de gestionar las reacciones desencadenadas por sensaciones y percepciones que estimulan respuestas viscerales.

En otras palabras, se trata de educar nuestra capacidad inconsciente de reaccionar a determinados estímulos con un trabajo reiterado de modelado de nuestras respuestas psicofisiológicas (Nardone y Bartoli, 2019).

Siguiendo al general y teórico militar prusiano Carl Philipp Gottlieb von Clausewitz: «La sorpresa es casi la única ventaja de la ofensiva». Mantenerse imperturbables a esa sorpresa es el comienzo de la victoria.

5.º Tipo de primera impresión manipuladora: la manipulación a través de la identificación

Este último tipo de manipulación podría considerarse el más importante y casi imposible de gestionar.

Se trata de interpretar tan bien un papel que te conviertes en ese personaje.

Si nos sumergimos en una realidad «como si» lo que contamos fuese verdad, podemos identificarnos más con ella, somos más capaces de producir efectos en nuestra comunicación tan naturales y espontáneos que ni el más atento investigador de la mentira será capaz de detectar nada que ponga en tela de juicio nuestro relato.

Así pues, uno de los conceptos fundamentales de esta maniobra es que el mentiroso perfecto se introduzca en el papel y, como un experto del método Stanislavski, se identifique con el personaje hasta convertirse en él.

El mentiroso perfecto crea su propia realidad, donde se introduce en el personaje que dice la verdad, mintiendo, pero lo hace de tal modo que transmite al otro una sensación de gran transparencia.

Para lograr esto se precisa entrenamiento, dedicación y una extraordinaria capacidad de autoengaño, hasta lograr que todos nuestros sentidos se adapten a nuestro comportamiento de modo que lo vivamos como verdadero.

Llegados a este punto, el individuo ya no miente, aunque en realidad sí lo esté haciendo.

La única manera de evitar ser víctima de esa maniobra es representar a nuestra vez, aparentando lo que no somos. El sabio que finge ser tonto es la estratagema que deberemos utilizar, es decir, hacer creer al otro que nos está manipulando, cuando somos nosotros los que lo estamos haciendo a través de la ilusión de haber caído en la trampa.

Esta maniobra es extraordinariamente complicada y requiere un importante aprendizaje de la comunicación estratégica, ya que deberemos parecer algo estúpidos induciendo al otro a mostrarse cada vez más abiertamente, hasta el punto de proporcionarnos detalles importantes para desenmascarar el engaño.

Por desgracia, si tenemos enfrente a una persona que se identifica totalmente con el papel y el personaje, será prácticamente imposible gestionar la situación, porque no percibiremos el más mínimo engaño.

Un ejemplo de identificación máxima con el personaje es la del actor Heath Ledger, muerto de modo prematuro, en el papel de Joker en la película *El caballero oscuro,* de Christopher Nolan.

El actor era famoso por su dedicación casi maníaca y por la larga preparación de los personajes que debía interpretar, hasta el punto de que su identificación era total.

En el plató encarnaba tan profundamente a Joker, un hombre loco y cruel, enemigo acérrimo de Batman, que durante el rodaje se comportaba en realidad como un loco psicópata, hasta el punto de llegar a impresionar a los compañeros y al director; en cuanto se acababa el rodaje,

Ledger, evidentemente, volvía a su estado normal, pero su transformación era impresionante.

Llegar a transformarse por completo en ese personaje que en un primer momento solo estamos interpretando se convierte, paradójicamente, en una no manipulación, puesto que el individuo en ese preciso momento no está mintiendo, sino expresándose a sí mismo, aunque este «sí mismo» sea una construcción *ad hoc*.

Según el psiquiatra y psicoterapeuta austriaco Alfred Adler, para lograr que la identificación funcione de verdad deberemos «ver con los ojos de otro, escuchar con los oídos de otro y sentir con el corazón de otro».

Considerando el tema de la mentira y de la manipulación de la realidad para inducir impresiones deliberadas en el otro desde esta perspectiva, constatamos que todos estamos bien equipados para ser tanto mentirosos como detectives para desenmascarar la falsedad, puesto que disponemos de todas las herramientas necesarias en nuestro equipo psicobiológico.

Hace casi diez años la revista *Time* publicó un innovador estudio sobre la inteligencia animal muy interesante.

¿Saben cuál fue el criterio más importante para medir la inteligencia de los animales? La capacidad de mentir.

El animal que resulta ser más capaz de mentir estratégicamente es más inteligente que el que no sabe mentir.

Y es curioso porque, en el mundo animal, si el animal es capaz de mentir tiene un don, mientras que, en el mundo humano, desde que en un determinado momento moralismo y conocimiento se unieron, el mentiroso siempre ha sido alguien a quien condenar y es considerado deshonesto por definición.

De modo que, como hemos dicho anteriormente, deberemos desarrollar nuestra capacidad de observar, de percibir los matices de los tonos de la voz y de los gestos, de reconocer las sutilezas lingüísticas de las palabras y de sus sinónimos y, por último, de captar las inferencias comunicativas que puedan ser señales útiles para gestionar la situación y evitar caer en la trampa de la manipulación.

Retomando las palabras de Winston Churchill: «Corren por el mundo una gran cantidad de mentiras y lo peor es que la mitad de ellas son verdad».

Por último, recordemos que la realidad no es más que el punto de vista del sujeto y de su interacción con lo que está viviendo, y que las percepciones pueden ser modificadas a través de la comunicación hasta hacer creer que realidades *creadas completamente de la nada* son verdaderas.

Conseguir mantenerse flexibles sin quedarse estancados en teorías apriorísticas sobre cómo debería ser o no ser una determinada cosa es el elemento esencial que hay que desarrollar para no quedar atrapados en mecanismos de manipulación basados en la primera impresión. Aprender a gestionar nuestros impulsos sin caer en un control rígido y evaluar cada situación desde distintos puntos de vista significa aprender a caminar sobre la cuerda floja sin caernos, manteniéndonos concentrados y con la tensión adecuada, y al mismo tiempo relajados y flexibles para adaptarnos a los vientos repentinos que podrían hacer oscilar la cuerda y provocar una pérdida de equilibrio.

Por otra parte, la verdad es siempre y en cualquier caso la trampa que nos condena a dudar de todos; la mentira es siempre y en cualquier caso la esclavitud que convierte en una condena tu propia compañía. El equilibrio entre ambas posturas supone la extinción de la condena.

SEGUNDA PARTE

Ciencia de la primera impresión

«Maravillarse de todo es el primer paso
de la razón hacia el descubrimiento».
Louis Pasteur

6. La primera impresión como percepción social

«La realidad es una conspiración creada
por la ilusión de los sentidos».
ROGER PENROSE

La formación de nuestras impresiones sobre los demás es un tema crucial en la psicología social, puesto que todos estamos constantemente en contacto con otras personas, en contextos diversos.

El proceso por el que nos formamos una representación mental de los demás se denomina «percepción social» y se basa en algunos elementos: nosotros mismos, las personas con las que entramos en contacto, la situación en la que se produce ese contacto y los comportamientos manifestados por los actores en escena.

Describiremos a continuación cómo el ser humano utiliza algunos «indicios», como la mirada, la mímica, los movimientos corporales o la prosodia para crear una impresión en los demás, basada en la «resonancia» que estos datos perceptivos suscitan en él.

Y estas impresiones tendrán efectos decisivos en la evolución de la relación.

Pero antes de ocuparnos de los mecanismos de funcionamiento de la primera impresión y de sus efectos, debemos hacer un excurso histórico sobre los enfoques teórico-experimentales más importantes que han contribuido al estudio de la percepción social desde los albores de la psicología social.

Según la definición del psicólogo estadounidense Gordon Allport: «La psicología social es la investigación científica de cómo los pensamientos, sentimientos y comportamientos de los individuos están influidos por la presencia objetiva, imaginada o implícita de los demás» (Hogg y Vaughan, 2016).

Antes de que la psicología social se convirtiese en una rama independiente de la psicología, la teoría más en auge era el conductismo, y los científicos consideraban los comportamientos humanos como simples reacciones, esto es, como el resultado de cadenas causales, caracterizadas por estímulos y respuestas.

Fue el psicólogo alemán Kurt Zadek Lewin quien advirtió en el siglo pasado de que ese enfoque pretendía aislar los comportamientos de su contexto natural, cuando, sin embargo, es bien sabido que es imprescindible considerarlos como el resultado de una interacción entre las personas y el ambiente.

En sus estudios, Lewin se opuso a la idea reductiva de que el comportamiento humano debía interpretarse exclusivamente como respuesta personal a un estímulo; inspirándose en la física elaboró su *teoría del campo* para explicar cómo el comportamiento ha de deducirse de un conjunto de hechos coexistentes, comparables a un «campo dinámico», en el que cada una de las partes depende de todas las demás (Lewin, 1951).

La de Lewin fue una de las primeras teorías internacionales y cognitivas de la psicología social dominantes en las décadas de 1940 y 1950. El supuesto básico de estas teorías era que los seres humanos en sus interacciones sociales tienden a la coherencia cognitiva, es decir, intentan reducir la contradicción entre sus pensamientos y se dedican con todos sus comportamientos y racionalizaciones posibles a resolver la incoherencia, incluso mediante una modificación de sus actitudes (Hogg y Vaughan, 2016).

Fue precisamente en la década de 1950 cuando el efecto «primera impresión» empezó a ser objeto de estudio de la investigación experimental, a través de dos modelos contrapuestos: el *modelo algebraico* de Anderson, que consideraba la formación de la impresión como un promedio de los valores otorgados a cada uno de los rasgos personales, y el *modelo configuracional* de Asch, según el cual los datos percibidos se influyen mutuamente y los procesos cognitivos implicados diseñan una impresión total mayor que la suma de cada una de las informaciones (Asch, 1976).

Por ejemplo, según el modelo algebraico si a una persona la calificamos de «inteligente y fría», el valor atribuido a la característica de la inteligencia es el mismo que si calificamos a la persona de «inteligente y cálida».

Según el modelo configuracional, en cambio, si decimos que una persona es «inteligente y fría», el rasgo «frío» afecta al adjetivo «inteligente», de modo que a una persona «inteligente y fría» se la considera fácilmente cínica y calculadora, mientras que a una persona «inteligente y cálida» se la considera una persona sabia. Esto ocurre porque los *rasgos centrales,* como la dimensión «cálido-frío», definen las percepciones de fondo.

Asch consideraba que cada persona que conocemos ha de ser vista como «unidad», como un conjunto enmarañado de características que, al interactuar entre sí, dan lugar a una percepción compleja.

En la década de 1960, los enfoques basados en la «coherencia cognitiva» perdieron popularidad, porque los investigadores comprobaron que los seres humanos pueden tolerar fácilmente y hasta en gran medida la incoherencia cognitiva; de modo que a este enfoque le sucedió el modelo denominado del *científico ingenuo,* según el cual los seres humanos necesitan atribuir causas concretas a los hechos y comportamientos de los demás para poder considerar el mundo un lugar significativo donde actuar. En este modelo se basaron también las *teorías atribucionales* del comportamiento social, especialmente en auge en la década de 1970 (Hogg y Vaughan, 2016).

En 1980, las investigaciones de los psicólogos estadounidenses Richard Nisbett y Lee Ross revelaron que el hombre es un científico impreciso, víctima de continuos sesgos cognitivos y dispuesto siempre a sacar conclusiones rápidas y poco precisas, hasta el punto de poder ser definido como un *economizador cognitivo* (Ross y Nisbett, 1980, 2011).

Algunas investigaciones de psicología social más recientes, entre las que se encuentra el *modelo de infusión del afecto,* demuestran que en la formación de las impresiones sobre los demás la cognición se combina con el estado afectivo, haciendo que los juicios sociales permanezcan influidos por el estado de humor del momento (Forgas, 1995).

Otros estudios revelan que, al juzgar las apariencias, el modelo algebraico y el modelo configuracional siguen siendo los más utilizados por los seres humanos. Concretamente, se acogen más al modelo de Asch quienes desean formarse una opinión sobre alguien, mientras que recurren al modelo algebraico sobre todo las personas que no están interesadas en formarse una opinión sobre los demás (Arcuri y Castelli, 2004).

En cualquier caso, tanto si estamos interesados como si no, las impresiones siempre nos pasan factura por el trabajo que han realizado.

7. Ingeniería de la primera impresión

«¿Es el mundo la causa primera
y mi experiencia es la consecuencia,
o es mi experiencia la causa primera
y el mundo la consecuencia?».
HEINZ VON FOERSTER
Attraverso gli occhi dell'altro, 1996

En las fuentes bibliográficas se denomina «primera impresión» a la imagen que construimos de una determinada persona en el momento en que la vemos por primera vez.

Se trata de una percepción inmediata que, al margen de la razón, nos lleva en cuestión de segundos a elaborar un juicio «implícito» (Arcuri, 1994; Salvini, 1995), determinado por múltiples factores que nos hacen suponer la forma de ser de la persona que tenemos delante y sus características principales.

Las áreas cerebrales más activas durante los primeros segundos de interacción con el desconocido que tenemos delante son las del paleoencéfalo, o «cerebro primitivo», esto es, la parte del cerebro que rige las actividades más instintivas, las emociones, la percepción de confianza, las decisiones y el valor subjetivo asignado a una recompensa.

Ese efecto consiste, por tanto, en un rápido proceso que, en los primeros treinta segundos de interacción, transforma algunas percepciones inconscientes en sensaciones que crean juicios de rechazo, de disponibilidad e interés o hasta de fascinación.

Aunque la mayoría conoce ya el papel fundamental que desempeñan los sentidos en la activación de reacciones emocionales, en el lenguaje ordinario todavía se tiende a considerar que «sentir» y «percibir» son sinónimos, y sin embargo existe una diferencia sustancial entre ambos.

La sensación generada por la realidad que percibimos nunca puede ser «pura», porque está influida inevitablemente por algunos factores que nos caracterizan como organismos vivos. Entre estos, nuestro estado de ánimo, las experiencias del pasado, las respuestas automáticas a lo que nos sucede, la perspectiva con la que miramos, escuchamos, tocamos u olemos alguna cosa. Cada estímulo, interno o externo, que activa nuestro sentir está interactuando con nuestro funcionamiento específico, y es justamente esta interacción la que genera las percepciones (Nardone, 2019).

Los estudios demuestran que la percepción humana está dedicada sobre todo a observar a sus semejantes y a atribuirles determinados requisitos. Esta modalidad perceptiva, que es típica del ser humano, explica su tendencia a asignar características específicas a las otras personas y a emitir juicios a primera vista.

El efecto «primera impresión» se forma sin que medien procesos cognitivos conscientes, y las sensaciones que genera respecto del desconocido influyen en la formación de los juicios posteriores.

Las investigaciones sobre la formación de las impresiones forman parte de los estudios más amplios sobre la percepción que los seres humanos tienen de sus semejantes y confirman la imposibilidad de que esas impresiones sean objetivas, puesto que cada atribución al otro está influida por las características del observador y por su condición de ser simultáneamente observador y observado durante la interacción social.

Así que es nuestro cerebro el que crea la realidad percibida al modular los datos sensoriales en función de nuestras experiencias, de nuestras expectativas individuales y de la implicación emocional, de atracción o de rechazo, que la interacción con el otro suscita de inmediato.

La neurociencia moderna también respalda los estudios de las ciencias humanas al confirmar la impureza de las sensaciones que derivan de nuestros mecanismos perceptivos; ambas concluyen que el límite entre lo que denominamos «real» y el mundo imaginario e imaginado es mucho menos nítido de lo que pudiera pensarse. Ver e imaginar ver, actuar e imaginar actuar, experimentar una emoción e imaginársela: todo depende de la activación de circuitos cerebrales en parte idénticos (Gallese y Guerra, 2015).

Así que debemos resignarnos a la imposibilidad de conocer «lo verdadero», ya que nuestra percepción de la realidad está deformada por los sentidos y, por consiguiente, es engañosa.

Uno de los ejemplos más conocidos de percepción ambivalente es la imagen de la joven-vieja, la cual aparece en una antigua postal alemana de 1888 y que hizo famosa el psicólogo estadounidense Edwin Garrigues Boring en un artículo de 1930 titulado «Una nueva figura ambigua».

La figura lleva al observador a fluctuar entre dos imágenes, claramente opuestas entre sí. Lo que ocurre es que, aunque ojos diferentes sigan las mismas líneas, el significado de la imagen cambia en función de la percepción personal y, al parecer, también en función de la edad del observador.

Por ejemplo, personas distintas pueden fijarse de entrada en las mismas líneas que simultáneamente dibujan la nariz aguileña de la anciana y la mejilla de la joven. El estímulo es el mismo, pero las dos percepciones y el significado atribuido cambian.

Nuestras percepciones visuales nos engañan continuamente, pero las distorsiones sensoriales también afectan al oído, al olfato y al tacto, lo que nos recuerda lo que escribió William James: «El ser humano tiende a organizar un orden que pone en las cosas, pero que no está en las cosas» (James, 1890).

Además de los mecanismos sensoriales, también nuestros estados de ánimo condicionan fuertemente la percepción: en una misma película, una persona deprimida hallará significados claramente más tristes que los que encuentre una persona perdidamente enamorada; del mismo modo, un ruido repentino será una molestia inofensiva para una persona relajada y un peligro real para un individuo miedoso.

Si el condicionamiento de nuestras percepciones es así ante estímulos inanimados, lo mismo ocurre con mayor razón en las relaciones interpersonales, donde se pone en marcha la circularidad retroactiva entre las sensaciones-percepciones-reacciones de cada actor en escena.

Cada vez que nos encontramos con una persona desconocida, nuestras experiencias pasadas, nuestros estados de ánimo, nuestros conocimientos aprendidos y nuestras formas habituales de gestionar la realidad estructuran premisas que influyen en nuestras percepciones posteriores, que a su vez provocan reacciones en nosotros mismos y en el otro.

En otras palabras: podemos decir que el comienzo de una relación interpersonal pone en marcha una cadena de interacciones en la que ya no existen una causa o un efecto en sentido lineal, sino una forma de influencia recíproca y circular. La impresión-construcción que se forma durante los primeros segundos de interacción está condicionada por el modo en que se establece el contacto interpersonal y provoca una reacción que se experimenta a través de la confirmación, o la desconfirmación, de los esquemas anteriormente adoptados (Nardone *et al.*, 2006).

Imaginemos que entramos en una sala de espera donde no conocemos a nadie y que lo hacemos convencidos de gustar a los demás y confiados en la posibilidad de causar una buena impresión. ¿Cuál sería nuestra actitud? Sin duda, entraríamos relajados, saludando y sonriendo a las personas presentes y, con toda probabilidad, recibiríamos a cambio la misma atención cordial. La convicción de gustar nos llevaría a actuar de tal modo que provocaría una respuesta de confirmación a nuestra amabilidad.

¿Qué ocurriría, en cambio, si entráramos en esa misma sala de espera con la convicción de no gustar a nadie? Evitaríamos mirar a los presentes, evitaríamos saludarlos y mucho menos sonreírles, correríamos a sentarnos en el rincón más apartado de la sala para evitar el contacto y, probablemente, seríamos correspondidos con miradas de desconfianza. En este caso, la convicción de no gustar nos llevaría a comportarnos de tal manera que provocaríamos una respuesta de confirmación a nuestra antipatía.

Nuestra vida diaria está llena de ejemplos que nos revelan hasta qué punto el efecto «primera impresión» es al mismo tiempo un fenómeno interpersonal y una dinámica que influye en la percepción que tenemos de nosotros mismos.

La primera impresión es tan importante porque prepara la escena a las interacciones siguientes entre cada actor, uno mismo y los otros.

Como se describe en *Teoría de la comunicación humana* (Watzlawick *et al.,* 1967), si en la comunicación verbal las palabras son signos arbitrarios que se manipulan según la sintaxis lógica de la lengua, en la comunicación analógica es posible deducir con cierta facilidad informaciones fundamentales a partir de la observación de los denominados «movimientos de intención», o bien de los movimientos y de las posturas del cuerpo, de los gestos, de las expresiones del rostro, de las inflexiones de la voz, de la secuencia, del ritmo, de la cadencia de las palabras y de cualquier otra expresión no verbal que el cuerpo es capaz de hacer.

La comunicación analógica y no verbal hunde sus raíces en períodos muy arcaicos de la evolución humana, y su validez es mucho más general que la comunicación verbal, relativamente reciente y mucho más abstracta (Watzlawick *et al.,* 1967).

Pero respecto de la comunicación no verbal, alma del efecto «primera impresión», conviene recordar que además de los mensajes expresados por el cuerpo y de la percepción resultante en su conjunto, también el contexto interpersonal y sociocultural en el que se producen esas revelaciones corporales tiene una enorme importancia.

Difícilmente se nos mirará con desconfianza cuando reímos a gusto sentados en un restaurante con amigos; en cambio, esa misma muestra de hilaridad suscitará miradas preocupadas si se produce cuando estamos solos en la cola del supermercado.

Lo mismo ocurre con el significado que distintas culturas atribuyen a los mismos gestos: por ejemplo, en el norte de Europa se mira con desconfianza a las personas que gesticulan mucho, mientras que en Italia se tiende a interpretar como rigidez o frialdad la actitud de quien se mantiene demasiado inmóvil ante nosotros.

En el primer contacto con una persona desconocida, la primera información que recibimos es su aspecto, por lo que es probable que la apariencia tenga una influencia desproporcionada en la percepción del otro (Hogg y Vaughan, 2016).

La respuesta a la belleza física es automática e irracional, como lo demuestra la ventaja que tienen las personas guapas en las interacciones sociales. Esta respuesta es capaz de poner en marcha el fenómeno que la psicología social denomina «efecto halo», esto es, la atribución automática a las personas guapas de otras características positivas, como el talento, la amabilidad, la honestidad y la inteligencia (Cialdini, 1984).

El «efecto halo» es un prejuicio especial, o un «sesgo cognitivo», que hace que extendamos la opinión sobre un rasgo personal percibido a otras características de la persona observada. Del mismo modo que un halo de luz difumina los contornos de los objetos iluminados y ensancha su área, tendemos a amplificar, positiva o negativamente, las características percibidas «a simple vista» en las otras personas.

Nuestra apariencia afecta a los elementos de la imagen corporal que la mente escanea en primer lugar, que son los que más contribuyen a crear esa cualidad emergente, superior a la suma de las partes, conocida como «impresión de conjunto».

Los primeros elementos que llaman la atención son la mirada, la sonrisa y la prosodia, o sea, la manera de hablar. En cuanto a la fisonomía, es decir, los rasgos faciales y corporales, es imprescindible remitirse a los arquetipos, es decir, a los modelos originarios a los que se ha referido la humanidad desde tiempos inmemoriales para dar un significado a la imagen de sus semejantes.

Existe una infinidad de arquetipos, pero incluso los más modernos remiten a las divinidades mitológicas y a las características personales que estas encarnan, como por ejemplo la racionalidad de Atenea, la voluntad y el poder de Zeus, la ambivalencia mujer-niña de Perséfone, la naturaleza contradictoria de Dionisos, la seducción de Afrodita o la inteligencia esquiva de Hermes (Bolen, 1989).

Nuestra imagen está cargada de símbolos a los que nuestros interlocutores son sensibles y puede provocar en ellos fascinación e influencia, o bien distanciamiento y rechazo.

Por otra parte, como escribía Carl Gustav Jung: «Los símbolos expresan ideas que se sitúan más allá de lo que la razón logra captar» (Jung, 1977).

El conjunto de los rasgos y de las características estructurales de nuestro cuerpo remite inevitablemente a un arquetipo principal, que puede verse reforzado o atenuado por nuestras actitudes comunicativas y relacionales, verbales y no verbales.

Por lo tanto, los aspectos no verbales son los principales indicios en los que se basa la primera impresión y que, escaneados por nuestros esquemas perceptivos, nos llevan a deducir los rasgos de una persona, a considerarla «buena» o «mala» y a reaccionar en consecuencia, generando reacciones en el otro.

Al fin y al cabo, para determinar el futuro la reacción a la primera impresión es más importante que la propia impresión.

8. Fisiognómica y primera impresión

«Todo lo que sabemos es una impresión nuestra,
y todo lo que somos es una impresión ajena».
FERNANDO PESSOA
El libro del desasosiego, 1914

La importancia atribuida a la belleza como instrumento de poder político y económico, así como de seducción, se remonta a tiempos muy antiguos.

No es casualidad que la reina Nefertiti, tres mil trescientos años después, siga siendo un modelo de belleza femenina: el rostro delgado y alargado, los labios carnosos, los pómulos prominentes, los ojos profundos, la piel aterciopelada.

Sin embargo, parece que ese famoso busto conservado en el *Neues Museum* de Berlín oculta un misterio: debajo de la capa más superficial hecha de masilla hay una segunda de piedra que, además de servir de sostén, descubre una fisonomía tan distinta que ha sido llamada «la otra cara de Nefertiti»: los pómulos están más hundidos, la nariz es algo

(Figura: Cabeza o Busto de Nefertiti, conservada en el *Neues Museum* de Berlín, que se remonta al XIV milenio a. C.)

curvada, presenta arrugas en los costados de las mejillas y de la boca y tiene los ojos más saltones.

No sabemos si los «retoques» del escultor representan la percepción que el faraón tenía de su mujer, como creen los estudiosos, o si fueron fruto de las directrices dadas al artista por la propia reina. No importa cómo fueron las cosas, lo que interesa destacar una vez más es el hecho de que la percepción constituye el ingrediente clave en la primera impresión formulada sobre la apariencia, y de cuán concretos son los efectos perceptivos sobre los procesos de comunicación y de relación entre los seres humanos.

Desde la Antigüedad hasta nuestros días, la imagen corporal como símbolo de belleza y poder siempre ha sido objeto de investigaciones y ha fascinado a estudiosos de distintas especialidades: psicólogos, antropólogos, médicos, biólogos y neurocientíficos.

La definición de «imagen corporal» que sigue siendo la más acreditada es la que dio Paul Schilder en 1935: «La imagen corporal es la imagen y la apariencia del cuerpo humano que nos formamos en la mente, es decir, la forma en que se nos aparece nuestro cuerpo» (Schilder, 1935).

Más recientemente, Peter Slade definía la imagen corporal como «la imagen que tenemos en nuestra mente de la forma, tamaño y talla de nuestro cuerpo y los sentimientos que nos provocan estas características y cada una de las partes de nuestro cuerpo» (Slade, 1988).

La imagen corporal cambia con el tiempo, influida por las experiencias personales, por la relación circular entre todos los aspectos que la animan y, sobre todo, por nuestras reacciones para gestionar la percepción emocional que nos vincula a ese hogar nuestro que llamamos «cuerpo».

Respecto de la primera impresión, debemos centrarnos principalmente en el rostro, ya que es el objeto que atrae inmediatamente la atención del ser humano desde el nacimiento, por ser el modelo de referencia esencial tanto para la comunicación no verbal como para la verbal.

¿Qué piensan los demás cuando ven nuestro rostro por primera vez? ¿Qué nos atrae en los otros, hasta el punto de considerarlos simpáticos o incluso de enamorarnos «a primera vista»?

Antes del criminólogo Cesare Lombroso, que creía que se podía deducir el «potencial delictivo» de una persona en función de los rasgos y las expresiones del rostro (Lombroso, 1878), y todavía antes de Johann Kaspar Lavater, que en el siglo XVIII exploraba las peculiaridades del rostro humano capaces de revelar rasgos específicos del carácter (Lavater, 1772), Giambattista della Porta, en el siglo XVI, fue el primer estudioso que sistematizó la fisiognómica siguiendo las intuiciones de Platón y de Aristóteles.

Quizá conozcan a alguien que considera que su nariz aguileña es un «inquilino descarado» en medio de su cara redondeada; o a alguien que se lamenta de tener los labios demasiado finos y el mentón demasiado afilado; o a alguien que está contrariado porque su boca grande contrasta con sus pequeños ojos soñolientos; o incluso a alguien que no logra sintonizarse con sus ojos hundidos y tristes.

Tomando como referencia *De Humana Physiognomia* (1586) de Della Porta, se podría explicar a cada uno de estos individuos que la característica que ellos perciben como defecto, o las aparentes discordancias, es atribuible a la pertenencia a un «tipo fisiognómico», es decir, a las especificidades personales.

Según la interpretación de esta antigua lectura del ser humano, los rasgos del primer sujeto, el de la nariz aguileña, describirían algunas peculiaridades del «tipo Júpiter», cuya inteligencia es de tipo práctico y va acompañada de un carácter activo y optimista.

El segundo sujeto sería, en cambio, un «tipo Mercurio», es decir, una persona en la que predominan el intelecto, la lógica, la meticulosidad, la falta de espontaneidad y la inestabilidad emocional.

El tercer sujeto, el «tipo Tierra», se caracterizaría por una notable habilidad manual, pero también por una cierta propensión al sedentarismo y al conservadurismo.

Los ojos hundidos que distinguen al cuarto sujeto son típicos del «tipo Saturno» e indican un carácter austero e intransigente, así como una inclinación a la reflexión.

Aunque estas teorías, que sostenían una correlación absoluta entre los rasgos faciales y los rasgos caracteriales, han perdido credibilidad científica con el paso del tiempo, el estudio de la fisiognómica nunca ha perdido su atractivo.

Todavía hoy se sigue investigando para comprender la correlación existente entre atracción, evolución y cultura, y para averiguar qué es lo que hace que un rostro sea atractivo o para descubrir qué informaciones sociales puede transmitir.

Mientras algunos estudios destacan la importancia que tienen los modelos culturales de referencia en la percepción de la belleza y, por tanto, del atractivo «a simple vista», algunos investigadores coinciden de forma transversal y transcultural en considerar «bellos» los rostros simétricos, regulares y capaces de suscitar el *efecto normalidad*. La explicación es que el rostro regular se considera un prototipo más familiar, menos extraño y, por tanto, más bello, más inteligente, más competente, señal de buena salud y de un buen potencial reproductivo.

En efecto, según la psicología social evolucionista, el comportamiento social complejo es adaptativo, es decir, está destinado a la supervivencia del individuo, de la familia y de la especie (Hogg y Vaughan, 2016).

Como escribe Alexander Todorov, en la formación de la primera impresión todos aplicamos una ingenua forma de fisiognómica, pero la idea de que podemos comprender el carácter de los demás a partir de su aspecto es engañosa. No tenemos el control de nuestros rasgos morfológicos estables, y sin embargo las expresiones emocionales pueden modificar radicalmente la primera impresión basada en las características físicas (Todorov, 2017).

Por ejemplo, mirar de cierta manera, sonreír y estar especialmente disponibles puede determinar la percepción que se tiene de nosotros, al margen de la dureza o asimetría de nuestros rasgos.

Por otra parte, a menudo consideramos que la belleza se corresponde con la mejor versión de lo que creemos ser.

9. Prejuicios, estereotipos, autoengaños, profecías

«Es más fácil desintegrar un átomo que un prejuicio».

ALBERT EINSTEIN

En su novela más famosa, *Orgullo y prejuicio,* Jane Austen presenta al señor Darcy con estas palabras:

> El señor Darcy solo bailó una vez con la señora Hurst y otra con la señorita Bingley, rehusó ser presentado a ninguna otra dama y pasó el resto de la velada paseándose por la sala, hablando de vez en cuando con alguna persona de su grupo. Su reputación quedó decidida. Era el hombre más soberbio y desagradable del mundo, y todos esperaban que no volviera allí jamás.

El prejuicio puede ser definido como una opinión basada en convicciones personales de aprobación o desaprobación frente a actitudes, pensamientos y comportamientos de los otros seres humanos. Esta opinión se forma en la mente antes de tener un conocimiento directo de personas o hechos, y puede condicionar fuertemente las valoraciones posteriores de esas mismas personas o hechos.

Al ser el prejuicio una condición imposible de eliminar en la relación entre los seres humanos y el mundo, y estando notablemente influido por factores inevitables como el lugar de nacimiento, la educación recibida y la cultura de pertenencia, la voluntad de corregirlo continuamente es más rentable que el intento de eliminarlo (Galimberti, 2018).

En la amplia y compleja realidad, los prejuicios desempeñan su función tratando de simplificar las situaciones y permitiéndonos enmarcar rápidamente un problema; se trata, en definitiva, de una estrategia que nos permite ahorrar energías al apoyarnos en las categorías creadas a partir de nuestras experiencias.

En otras palabras: nuestro cerebro organiza las informaciones en categorías y esquemas que reflejan una simplificación de la realidad y, a partir de estas, construye rápidas comparaciones perceptivas basadas en nuestros valores y en nuestras experiencias pasadas.

De modo que los prejuicios son importantes, nos sirven para medir las expectativas y elaborar planes de acción, a la vez que actúan de «centinelas emocionales» que nos ponen en estado de alerta, pero hay que saber gestionarlos de manera funcional, porque a menudo son «complicados de tratar».

En cuanto a los prejuicios sobre los demás, conviene saber que durante la actividad comunicativa, mientras los individuos definen la relación en curso, también se definen a sí mismos.

En toda interacción entre nosotros y otro individuo, sea lo que sea lo que comuniquemos y el modo en que lo hagamos, el esquema subyacente al mensaje es: «Así es como yo me veo a mí mismo en relación contigo en esta situación».

Las posibles reacciones pragmáticas por parte del desconocido son tres: confirmación, rechazo o desconfirmación (Watzlawick *et al.,* 1967).

Cuando la persona desconocida acepta el conjunto de nuestros mensajes comunicativos, recibimos como *feedback* una confirmación que nos hace sentir aceptados, aumenta la conciencia de nosotros mismos y, en cierto modo, nos reafirma en la definición que tenemos siempre de nosotros mismos.

Cuando el interlocutor rechaza nuestro «juego» relacional, podemos sentirnos heridos y parte de una interacción poco cordial, pero como el rechazo presupone el reconocimiento, no necesariamente daña el juicio que nos atribuimos a nosotros mismos.

En cambio, cuando recibimos una desconfirmación es como si el otro nos dijera: «Tú no existes» y, al comportarse con nosotros como si realmente no existiéramos, es como si negase nuestra identidad, lo que limita nuestra conciencia y destruye el sentido que nos atribuimos a nosotros mismos.

Respecto de los efectos de la desconfirmación, resulta perfectamente pertinente lo que escribió William James: «Si fuera factible, no habría pena más diabólica que conceder a un individuo la libertad absoluta de sus actos en una sociedad en la que nadie se fije nunca en él» (Watzlawick *et al.,* 1967).

Con cualquiera de estas tres posibles reacciones, nuestro interlocutor nos comunica: «Así es como te veo», y la percepción que él tiene de nosotros influye en la percepción que tenemos de nosotros mismos.

Son nuestros prejuicios cargados de nuestros valores, de nuestros recuerdos, de nuestras expectativas, de nuestras experiencias, del estado de ánimo del momento, de la cultura y de la sociedad en que vivimos los que procesan las informaciones obtenidas de la observación de una persona desconocida: este es el motivo por el que no podemos ser objetivos.

Puesto que la primera impresión «salta» automáticamente antes de cualquier elaboración cognitiva, podemos considerarla un mecanismo construido por la mente, pero «sufrido» luego por el individuo.

Los prejuicios contra los otros individuos siempre se refieren a rasgos concretos como la etnia, la fama, la religión, la clase social, la orientación sexual, las ideas políticas, la profesión o el estilo de vida, pero también a características aparentemente más banales como el nombre, el parecido con alguien, el signo del Zodíaco o el lugar y el tipo de vivienda.

Imaginemos que nos presentamos y estrechamos la mano a una persona que se llama como nuestro ex, que nos acaba de traicionar: ¿nos sentiríamos bien dispuestos hacia esa persona?

Peor aún: imaginemos que en una entrevista de trabajo nos encontramos con que la persona que hace la selección es idéntica al vecino de casa con el que tuvimos una fuerte discusión en la última reunión de vecinos: ¿hasta qué punto nos influiría este hecho?

Sin embargo, la psicotrampa que más afecta al ser humano y que desde siempre ha condicionado significativamente sus prejuicios es el «engaño de las expectativas», esto es, la tendencia a atribuir a los otros las percepciones y convicciones propias y la expectativa de observar en ellos nuestras mismas acciones y reacciones (Nardone, 2013).

A lo largo de nuestra vida todos hemos elaborado una serie de valores ético-morales que debemos respetar porque han sido beneficiosos para nosotros y para los demás, y precisamente por eso nos resulta difícil imaginar formas alternativas de pensar y gestionar la vida. Esta psicotrampa está siempre al acecho en todas las esferas de nuestra vida y, si se gestiona mal, puede convertirse en fuente de fracasos, sufrimiento y desilusiones amargas al borde de lo trágico.

Esto ocurre sobre todo cuando, en situaciones en que existe una gran implicación afectiva o hay que tomar decisiones importantes, esperamos que los otros hagan exactamente lo que nosotros haríamos si estuviéramos en su lugar (Nardone, 2013).

Cuando el engaño de las expectativas y el prejuicio dominan en la construcción de la primera impresión sobre una persona desconocida, las distorsiones cognitivas son inevitables.

El mecanismo de la distorsión cognitiva actúa en el momento en que, por lo general de forma inconsciente, aceptamos una idea preconcebida respecto de determinadas características humanas. Una vez identificadas las características básicas de la persona desconocida las consideramos su «identidad», y este prejuicio determina la calidez y la acogida, o bien la frialdad y el distanciamiento, que reservaremos a esta relación a partir de ese momento.

Todo el proceso posterior de recogida y elaboración de la información sobre esa persona se basará en la primera impresión que hemos tenido de ella.

Igualmente, si esperamos que alguien sea amable y extrovertido con nosotros, o frío y antipático, tenderemos a adoptar una actitud relacional que muy probablemente conducirá a la otra persona a adoptar precisamente esa modalidad de interacción.

Y aunque solo consideremos negativo uno de los factores que han contribuido a crearla, es muy probable que esta impresión negativa persista en la persona incluso en las interacciones posteriores (Nardone *et al.*, 2006).

Cuanto más rígidos seamos en la aceptación del prejuicio instintivo tanto más lentos seremos a la hora de cambiar de opinión y no siempre lo lograremos, porque no tomaremos en consideración las informaciones que difieran de la impresión inicial o las justificaremos de tal modo que parezcan aceptables. Por tanto, si la primera impresión es positiva, interpretaremos en este sentido todas las informaciones posteriores. Y viceversa.

Y esto es así porque aceptar una situación de disonancia cognitiva en la que, tras haber hecho una elección, aparezca la duda de otras posibles elecciones, es muy costoso para el ser humano (Nardone y De Santis, 2011).

Todos tendemos a reducir (o a intentar eliminar) el malestar psicológico que comporta la disonancia cognitiva, como cuando, después de haber comprado un coche, buscamos, revisamos y hablamos de sus virtudes, así como de los defectos de los otros modelos, para reforzar la convicción de haber acertado en la elección y aplacar las dudas (Nardone y De Santis, 2011).

Nos parece conveniente reiterar que el condicionamiento más importante que hace que la primera impresión sea tan fundamental y duradera en el tiempo consiste en las expectativas que tenemos sobre las otras personas.

Cuando el prejuicio negativo se anquilosa, el riesgo de no conceder a los otros nuevas oportunidades para transmitir una buena impresión puede hacernos perder oportunidades incluso a nosotros mismos.

Esto también es válido cuando el prejuicio es positivo, o hasta idílico, como en el caso del enamoramiento, en que cada uno de nosotros tiende a sobreestimar las características de la persona que ama, atribuyéndole a menudo cualidades que no posee.

Mientras funciona el encantamiento, buscamos las confirmaciones a nuestros prejuicios positivos y tendemos a no percibir la negación de esas convicciones, ni siquiera frente a la evidencia.

Así, cuando Elizabeth, la animada protagonista de *Orgullo y prejuicio,* se niega rotundamente a casarse con su primo, el señor Collins, recibe de él esta respuesta: «Debo concluir que no habla en serio al rechazar mi oferta, y prefiero atribuirlo a su deseo de acrecentar mi amor con la incertidumbre, tal como suelen hacer las mujeres elegantes».

Que siempre es posible una gestión estratégica del prejuicio lo confirmaba el filósofo alemán Hans-Georg Gadamer al destacar la importancia de «mantenerse correctamente en el propio prejuicio, entendiendo por correctamente una actitud abierta a las opiniones ajenas en una circularidad interpretativa» (Galimberti, 2018).

Sin embargo, nuestras expectativas erróneas pueden convertirnos en víctimas no solo de los demás o del mundo, sino también de nosotros mismos.

Intentemos pensar cuántas veces, en situaciones emocionalmente desafiantes, elegimos la opción menos gravosa y estresante en vez de optar por la correcta; y cuán a menudo nos sugerimos a nosotros mismos lo que sería correcto hacer y luego hacemos espontáneamente lo contrario.

Caer en esta psicotrampa respecto de uno mismo significa aferrarse rígidamente a convicciones y creencias tranquilizadoras, sobre la base de percepciones y sensaciones mediadas por las emociones del momento o de la asociación a menudo inconsciente a experiencias anteriores (Nardone, 2013).

Pero conviene recordar que mentirse a uno mismo es tan inevitable que, más allá de las percepciones y de las emociones, también nuestra memoria nos miente (Nardone, 2014).

Recordemos a este respecto la advertencia de William James cuando escribió: «A menudo el hombre cree que piensa, cuando en realidad solo está reordenando sus prejuicios» (James, 1980).

El número de personas que todos los días conviven con la sensación de no estar a la altura, de no ser del todo adecuadas, o incluso de ser «defectuosas», va en constante aumento. La sensación puede afectar a todos los ámbitos de la vida —las características estéticas o las capacidades, la inteligencia, la simpatía o la cultura— y acabar convirtiéndose en una sensación generalizada.

En muchos casos las personas temen no estar a la altura de la expectativas de los demás; en otros, el juez más severo resulta ser el interior (Milanese, 2020).

El diseñador y dibujante búlgaro Yanko Tsvetkov es el autor de una serie de mapas satíricos que representan los diversos países del mundo, marcados con etiquetas que enuncian los estereotipos y los prejuicios que tienen sobre ellos las otras naciones (Tsvetkov, 2013).

Sin ninguna pretensión científica, Tsvetkov representa con los mapas la fuerza y la especificidad de preconceptos, prejuicios, estereotipos y clichés; en la introducción del libro declara: «Cada uno de nosotros se ve a sí mismo como un modelo para toda la raza humana».

Desde 2009 el autor ha ido actualizando algunos mapas con la intención de representar los nuevos estereotipos emergentes.

Veamos, a título de ejemplo, la opinión que los italianos tenían de los europeos en 2009: al este de Trieste, una combinación de estrellas del porno y niñeras, ladrones, bebedores de cerveza y bailarinas de la danza del vientre; al norte predominan los maníacos de la puntualidad (Suiza y Alemania) y del deporte (*rugby* en Irlanda y Wembley en Gran Bretaña), mientras que al oeste es evidente una visión italocéntrica (Carla Bruni en Francia, dialectos italianos en España).

Los estereotipos representan los fundamentos cognitivos de los prejuicios en la medida en que son creencias «preconfeccionadas» de nuestra cultura de pertenencia y capaces de generar formas reiteradas de percepción y de juicio, que conducen a acciones de aceptación o de rechazo de otros individuos o grupos.

Originariamente, el término «estereotipo» se refería al procedimiento tipográfico del siglo XVIII, que utilizaba para la impresión de un volumen planchas de cartón piedra o arcilla que podían imprimir las hojas varias veces porque eran muy rígidas y resistentes.

Fue el periodista estadounidense Walter Lippmann quien hacia 1920 introdujo el constructo de «estereotipo» en las ciencias sociales al definirlo como «una visión distorsionada y simplificada de la realidad social, constituida por las imágenes mentales que nos construimos para simplificar la realidad y para hacerla más comprensible» (Lippmann, 1922).

Los estereotipos son generalizaciones socialmente compartidas de objetos, ideas, personas o grupos que el individuo define *a priori* porque su cultura ya lo ha hecho por él. Son comparables a hipótesis de trabajo que subestiman las afirmaciones disonantes e influyen también en la memoria del pasado (Nardone y Salvini, 2013).

El mundo en que vivimos es complejo y mutable debido a los estímulos que recibimos constantemente, de modo que en nuestros actos predomina el comportamiento automático y estereotipado. No podemos pretender analizar y reconocer todos los aspectos de cada persona, de cada acontecimiento y situación: no disponemos de tiempo, energía ni capacidad. Por consiguiente, necesitamos los estereotipos como atajos que nos permiten clasificar los estímulos al partir de unos pocos elementos clave, para luego responder sin pensar demasiado, siempre que contemos con alguna señal activadora (Cialdini, 1984).

En algunos aspectos, las categorizaciones simplificadas de los estereotipos nos tranquilizan en cuanto a la previsibilidad de los comportamientos de los otros seres humanos, salvaguardando el sistema de valores de nuestra cultura. Protegen nuestro sentido de pertenencia a la sociedad y nos dan la impresión de poder tener un cierto control sobre el mundo.

Sin embargo, esta sensación de homogeneidad de las categorías sociales corre el riesgo de anquilosar nuestras expectativas y transmitir estas construcciones sociales, que solo describen una parte de la realidad.

Nuestras impresiones sobre los demás se convierten en prejuicios cuando se tornan rígidas e impermeables a las nuevas informaciones, lo que hace que nuestro comportamiento las confirme, a menudo sin ni siquiera darnos cuenta.

Los estereotipos y prejuicios pueden dar lugar a auténticas profecías destinadas a autocumplirse, porque quienes son víctimas de ellos a menudo reaccionan comportándose de la manera que socialmente se espera y, al actuar así, los refuerzan.

A propósito de profecías negativas destinadas a autocumplirse, en la sucá 53 del Talmud babilonio se cuenta que un día el rey Salomón fue visitado por el Ángel de la muerte, que se presentó afligido y desmoralizado, de modo que el rey le preguntó por qué estaba triste.

El Ángel le respondió que se le había ordenado «llevarse» a dos escribas etíopes, Elihoreph y Ahyah, a los que Salomón tenía en gran estima.

Dado el afecto que sentía por sus escribas, Salomón decidió salvarlos haciendo que huyeran de noche a la ciudad de Lux a lomos de los dos sementales más veloces del reino. Pero, desgraciadamente, cuando llegaron a la ciudad ambos murieron.

Al día siguiente, el Ángel de la muerte visitó de nuevo a Salomón, pero esta vez se mostró entusiasmado y sonriente, de modo que el rey le preguntó por qué estaba tan feliz.

El Ángel respondió: «Temía que los dos escribas no vinieran a Lux, donde les estaba esperando, pero gracias a ti llegaron a tiempo».

Fascinados por la lógica de esta parábola, son muchos los escritores que se han inspirado en ella para crear auténticas obras maestras de la literatura, como *Le grand Écart (La gran separación),* del escritor francés Jean Cocteau, retomada en el cuento «El gesto de la muerte» en los *Cuentos breves y extraordinarios* de Jorge

Luis Borges y Adolfo Bioy Casares, o incluso la primera novela de John O'Hara, *Cita en Samarra* (también la famosa canción de Roberto Vecchioni «Samarcanda» está sacada de aquí).

La parábola del Talmud probablemente sea el primer cuento en el que se pone en evidencia, además de la inevitabilidad del hado, un mecanismo psicológico bien conocido: la profecía que se autocumple.

Esa expresión fue introducida en las ciencias sociales por el sociólogo estadounidense Robert K. Merton para indicar una suposición o profecía que, por el mero hecho de ser expresada, realiza el acontecimiento supuesto, esperado o predicho, confirmando así su propia veracidad (Merton, 1971).

El individuo que escucha una suposición que considera que puede ser cierta acaba haciéndola cierta mediante lo que hace, más o menos voluntariamente, para intentar escapar de ella o, por el contrario, demostrarla.

Si las percepciones, emociones y cogniciones son a menudo fruto de autoengaños, lo mismo ocurre con nuestras acciones, que muchas veces son consecuencia de autoengaños creados sobre la base de mecanismos funcionales o disfuncionales, esto es, de convicciones profundas e inconscientes. Los autoengaños son, en definitiva, modalidades útiles al hombre para lograr el éxito en la persecución de objetivos, porque le permiten mantener el equilibrio psicológico (Nardone, 2014).

Los procesos cognitivos de autoengaño son auténticos reguladores emocionales, es decir, estrategias desarrolladas por el individuo para adaptarse a una realidad cada vez más compleja, que a veces pueden acabar creando problemas o convertirse en fuente de fracaso.

Pensemos en cuando evitamos subir a la báscula para no saber si hemos aumentado de peso, o en cuando evitamos controlar nuestra cuenta del banco por miedo a verla en números rojos. Se trata de mentiras deliberadas, hechas en pro de nuestra serenidad. Pero las formas de autoengaño beneficioso, si se repiten o se utilizan en exceso, también pueden llegar a ser perjudiciales y producir efectos contrarios a los deseados (Nardone, 2014).

Como escribe la psicóloga y psicoterapeuta Roberta Milanese (2020), siempre debemos tener en cuenta que la capacidad de evaluarnos a nosotros mismos está fuertemente influida por nuestras modalidades perceptivas, esto es, por nuestros autoengaños sobre quiénes somos, en relación con los demás y con el mundo.

Por consiguiente, para evitar que las conjeturas sobre nuestras características nos lleven a construir creencias que influirán efectivamente en nuestro ser, debemos intentar no darlas por buenas de manera definitiva (Nardone, 1998).

Nadie puede obviar esa dinámica interdependiente entre los tres tipos de relaciones: con nosotros mismos, con los otros y con el mundo (Nardone y Watzlawick, 1990). Por tanto, cuando nos engañamos a nosotros mismos influimos en nuestras interacciones con los demás y a su vez somos influidos por estas.

Entre los responsables en el proceso de creación de la primera impresión debemos considerar los continuos autoengaños a nosotros mismos y a los demás, que son un intento incesante de recibir confirmaciones de nuestra identidad que puedan garantizarnos un cierto equilibrio psicológico.

Una vez construida la primera impresión, necesitamos probarnos a nosotros mismos que esta opinión es la correcta, lo cual hacemos mediante un conocido mecanismo denominado «sesgo de confirmación», una de las muchas «distorsiones cognitivas» que caracterizan la mente humana.

Los juicios que emitimos sobre los demás, puesto que se basan en un filtro subjetivo que construye la realidad percibida, contienen inevitablemente alguna distorsión cognitiva, y lo mismo ocurre con los juicios sobre nosotros mismos.

Por eso debemos evitar dar crédito de manera definitiva a las opiniones sobre nuestras características personales o, de lo contrario, nos harán construir creencias que influirán efectivamente en nuestro ser: profecías consideradas verdaderas y destinadas a autocumplirse (Nardone, 1998).

Como se ha señalado en muchos estudios de investigación (Patterson, 1982; Leyens, 1985), tras haber construido la primera impresión sobre alguien, tendemos a buscar la confirmación en los gestos, en las palabras, en los comportamientos posteriores, dando lugar a una auténtica profecía que se autocumple.

Si la primera percepción del otro es la de una persona amable y disponible, nos mostraremos naturalmente sonrientes y abiertos, provocando la correspondiente sensación de agrado. Si, por el contrario, tenemos la sensación de que la persona es fría y esnob, adoptaremos una postura de rechazo o defensiva, y con ello resultaremos desagradables por igual.

En cualquier caso, la profecía acabará realizándose e influirá inevitablemente en todas las interacciones posteriores, con el riesgo de exponernos a numerosos engaños, bien porque hemos atribuido a la persona una etiqueta negativa que nos cierra la posibilidad de conocerla mejor, o bien porque la hemos sobrevalorado y nos exponemos a probables decepciones.

Las fases iniciales de contacto con el desconocido son cruciales, porque representan los cimientos sobre los que se basará la relación y estos son decisivos para generar los efectos pragmáticos de ese juego relacional específico.

Así como las mentiras inherentes a la relación con nosotros mismos y con los demás se transforman en acciones que generan auténticas profecías, la realización de las mismas incide en la percepción que tenemos de nosotros y de los demás, dado que la profecía confirma esas mentiras o esos prejuicios.

Las creencias rígidas crean pautas de comportamiento redundantes y siempre iguales, destinadas a confirmar las creencias de manera recursiva, lo que las hace aún más rígidas.

Un ejemplo es el del soltero «empedernido» que se autoengaña creyendo que está mucho mejor solo y que, al unirse a un grupo de solteros dedicados a celebrar exclusivamente las ventajas de su estado, hallará confirmada y reforzada la veracidad de su visión (Nardone, 1998).

Igualmente, si el astrólogo prevé que febrero será un mes favorable o desfavorable al signo de Piscis, la persona que cree en el horóscopo buscará todas las señales que confirman la exactitud de esa profecía y acabará encontrándolas (Nardone *et al.*, 2006).

Inevitablemente, el engaño de los sentidos es algo inherente a nuestra naturaleza humana, pero también lo son los recuerdos distorsionados, las cogniciones ilusorias y una actuación incongruente. Se trata de aprender las estrategias y las estratagemas que sirven para utilizar la mentira de manera sana y consciente, tanto para evitar ser víctimas inconscientes de ella como para mejorar la propia vida, la de los demás y el mundo en que vivimos (Nardone, 2014).

Creer firmemente en algo requiere valor. Cambiar de idea requiere un valor de cualidad superior, impregnado de humildad.

TERCERA PARTE

Cómo crear una buena primera impresión

«En la vida social nunca se dará una buena impresión
a otras personas hasta que se deje de
pensar qué tipo de impresión se está dando».

CLIVE STAPLES LEWIS
Mere Christianity, 1952

10. La acogida

«La forma es el contenido que sale a la superficie».

VICTOR HUGO

Nuestra Señora de París, 1831

El papa Francisco, Jorge Bergoglio, en su libro *Sobre el cielo y la tierra,* escrito con Abraham Skorka, dice:

> El diálogo nace de una actitud de respeto hacia otra persona, de un convencimiento de que el otro tiene algo bueno que decir; supone dejar sitio en nuestro corazón a su punto de vista, a su opinión y a sus propuestas. Dialogar entraña una acogida cordial y no una condena previa. Para dialogar hay que saber bajar las defensas, abrir las puertas de casa y ofrecer calor humano. (Bergoglio y Skorka, 2013, p. 10)

Si la ingenuidad y la desconfianza pueden considerarse las dos caras de una misma moneda, las evidencias empíricas demuestran que en el primer contacto con un desconocido la acogida abierta y cordial ha de considerarse la más funcional.

No se trata de un término medio entre la ingenuidad y la desconfianza, como sugieren algunos, puesto que casi siempre el término medio contiene los peores defectos de las dos posiciones extremas, sino de una estrategia relacional rigurosa y nada trivial.

Para predisponernos al contacto con el otro y a una confianza progresiva, basada en sus respuestas, es necesario ofrecer nuestra disponibilidad en pequeñas dosis (Nardone, 2013).

Será preferible, por tanto, mostrarnos abiertos pero vigilantes, bien preparados para los principales factores que «desencadenan» nuestra percepción de simpatía.

En sus famosos estudios de psicología social, Robert Cialdini ha destacado que la belleza, la semejanza y la asociación con los demás (en positivo o en negativo) son los componentes inconscientes de nuestro juicio sobre las personas (Cialdini, 1984).

La apariencia estética es un elemento fundamental e inmediato en la formación de nuestra primera impresión, pero debemos insistir en que es una tendencia humana muy extendida atribuir de manera inconsciente a las personas atractivas otras cualidades como inteligencia, talento, honestidad y amabilidad (Cialdini, 1984).

Para tomar conciencia de hasta qué punto es peligroso este mecanismo, basta pensar en su poder de influir en el resultado de elecciones políticas o de sentencias judiciales.

La semejanza es el segundo factor más significativo para nuestra percepción.

Somos más propensos a apreciar a quien se parece más a nosotros en el modo de vida, en el entorno de procedencia, en las características personales, en las opiniones y en la forma de vestirse (Cialdini, 1984). No es casual que una de las técnicas de venta más utilizadas consista precisamente en la imitación del estilo verbal y no verbal del posible cliente, que incluye también, desde las primeras fases de la interacción, una investigación sobre sus intereses y preferencias.

El tercer factor importante en la formación de nuestra opinión es la propensión a considerar antipático a quien nos proporciona cualquier información desagradable, incluso aunque no sea responsabilidad suya; en cambio, solemos considerar simpático al que es portador de una buena noticia, aunque no sea él el artífice (Cialdini, 1984).

Los estudios de psicología social son imprescindibles cuando se considera al hombre como «ser en relación», además de como individuo, precisamente porque su objetivo es destacar las características que hacen a las personas influenciables a nivel social.

La intención de estos estudios y de las investigaciones sociales es evitar el error fundamental de atribución, es decir, la tendencia a interpretar el comportamiento humano exclusivamente en términos de personalidad, sin considerar la importancia del contexto; aunque en realidad todos cometemos muchos errores fundamentales de atribución, y no solo con los desconocidos. De hecho, solemos creer que lo que hacen los otros refleja exactamente lo que son, prescindiendo de la situación.

Un ejemplo clásico para explicar cómo funciona este mecanismo es nuestra forma extemporánea de juzgar a los otros automovilistas: si nos cortan el paso conduciendo a lo loco, si hacen un adelantamiento arriesgado o utilizan incorrectamente el arcén, nuestro primer impulso es insultarlos ferozmente o permanecer atónitos interpretando que su forma de conducir es un triste reflejo de su pésima personalidad.

Rara vez pensamos, en cambio, que podría dirigirse al hospital corriendo porque alguien está mal o a punto de dar a luz, o que va a la escuela a buscar a un niño que se ha hecho daño jugando.

Son cosas que ocurren con frecuencia, pero que tienen poco impacto en nuestras vidas en comparación con lo que ocurre en el momento exacto en que tenemos delante al desconocido y empieza la experiencia relacional.

Como ya hemos dicho, precisamente durante la fase inicial de contacto es cuando podemos determinar el significado futuro de la relación.

La acogida ha de tener en cuenta los inevitables autoengaños que subyacen a nuestros juicios positivos y negativos, pero es del todo desaconsejable pensar que se pueden prevenir o controlar mientras están presentes en nuestra mente.

La tarea de reconocer y eludir todas las posibles influencias que desencadenan una reacción de simpatía es laboriosa, en el límite de lo imposible, por lo tanto será preferible concentrarnos en los efectos de esas influencias (Cialdini, 1984).

Será útil, por consiguiente, reconocer la formación en nosotros de una simpatía o de una antipatía repentina y desmesurada y, en vez de reprimirla, intentar gestionar sus efectos.

Aferrarnos con rigidez a creencias y convicciones tranquilizadoras, como si siempre fuese posible realizar elecciones conscientes y como si bastase «pensar bien» para evitar cavar la trampa mental de las expectativas, denota una escasa capacidad para adoptar perspectivas diferentes en la valoración de la realidad (Nardone, 2013).

En cambio, ser acogedores significa estar abiertos y evitar anquilosarse en la propia perspectiva como si fuese la única y la mejor; significa observar al otro con curiosidad, intentando captar la mirada peculiar con que observa la realidad; significa dar pequeños pasos comunicativos, amables y cautos a la vez, para poder controlar constantemente las reacciones del interlocutor.

El primer contacto con un desconocido marca el primer paso en esa «danza de la reciprocidad», que nos permite frenar el entusiasmo en el caso de que se produzca un «flechazo», que nos ayuda a dar un paso atrás en el caso de que nuestras expectativas se vean frustradas, que nos anima a dar uno adelante, lo cual aumenta las dosis de confianza, en el caso en que la balanza dar/tener esté equilibrada.

También es cierto, no obstante, que debemos mantenernos siempre vigilantes, flexibles y receptivos para poder captar los nuevos indicios que podamos intuir a medida que profundizamos en el conocimiento.

Las expectativas han de acomodarse a las adaptaciones de la experiencia y a la preparación para el comportamiento social más adecuado, esto es, el egoísmo inteligente.

El lógico noruego Jon Elster, basándose en un cálculo lógico-matemático, sostiene que para obtener el máximo beneficio en la relación con los demás hay que empezar dando para después recibir. Si una persona empieza dando en cantidades pequeñas a varias personas, la suma de lo que recibirá a cambio será mayor que lo que ha dado. Este efecto cooperativo beneficioso para todos, definido como «sano egoísmo», nace de un comportamiento explícitamente egoísta, pero genera el efecto de un intercambio altruista y sano entre todos los actores que intervienen en la interacción (Nardone, 1998).

Debemos recordar siempre que acoger sin prisa por recoger es el primer pequeño, gran, paso en el camino de una buena relación.

11. Cómo presentarse

«Ocurre a veces que personas a las
que no conocemos nos inspiran
un interés súbito cuando las vemos por primera vez,
incluso antes de cruzar una palabra con ellas».
FIÓDOR DOSTOYEVSKI
Crimen y castigo, 1866

En el primer encuentro con un desconocido intervienen muchos factores, que se entrecruzan en dinámicas articuladas e interdependientes entre sí.

A pesar de las muchas recetas que están de moda sobre cuál es la mejor manera de presentarse, hay que destacar el continuo trabajo que realiza nuestro cerebro en la creación de realidades percibidas que tienen que ver, ante todo, con nuestras experiencias y expectativas emocionales.

Sin embargo, los estudios sobre la comunicación no verbal coinciden en que es esencial la utilización estratégica de los actos comunicativos que más influyen en la percepción que el otro tiene de nosotros, tanto en los primeros contactos como en la continuación de la relación (Nardone *et al.,* 2006).

Se trata de gestionar sabiamente todo el conjunto no verbal y paraverbal para evitar que la relación falle por un fracaso de la comunicación, como ocurre a menudo.

En el momento inicial de un encuentro, como ya hemos destacado, el primer sentido que se activa es la vista, por tanto la mirada será determinante en la activación de las primeras sensaciones en ambos actores. En efecto, un intercambio de miradas puede cautivarnos, crearnos dudas, confirmarnos certezas, fastidiarnos, provocarnos, seducirnos, y podríamos continuar indefinidamente, porque sus efectos son tan ilimitados como pueden serlo nuestras sensaciones (Nardone *et al.,* 2006).

Ante todo debemos desmentir la leyenda de que para causar una buena impresión y mostrar seguridad deberemos mirar al interlocutor desconocido directamente a los ojos; en el primer contacto, como ya hemos explicado antes, para lograr que el encuentro sea agradable y que el otro se sienta cómodo, es preferible una atención fluctuante, que consiste en desplazar la mirada de los ojos a las otras partes del rostro y del cuerpo, como se suele hacer para contemplar la belleza de una obra de arte, para apreciar tanto los detalles como el conjunto.

La fluctuación de la mirada provocará en el otro un efecto de sintonización decisivo para la creación de una buena primera impresión, puesto que hará que se sienta acogido y estudiado al mismo tiempo, y le inducirá a seguir nuestra mirada para captarla.

Este comienzo, lejos de ser trivial, generará en el interlocutor la sensación de estar ante una persona acogedora, pero también capaz de dirigir el guion relacional, lo que creará en él una sugestión positiva.

Junto con la mirada debemos considerar la sonrisa, pues, si va unida a una mímica facial relajada y sin contracturas o tensiones, facilita la relación.

Si es conveniente evitar una mímica facial demasiado seria, también lo es dar muestras de una expresividad demasiado abierta, con grandes sonrisas, como si ya fuésemos amigos del desconocido; la mejor sonrisa es la que apenas está esbozada y sin excesos.

En cuanto a la forma de caminar y de movernos en el espacio, lo mejor es transmitir seguridad y armonía, imitando la marcha de un felino: suave, sigilosa y decidida, pero relajada.

Si en el momento en que nos presentan a una persona fuésemos a su encuentro caminando con demasiada rapidez, podríamos crearle una sensación de agresión y un estado de inquietud.

Es lo que ocurre, por ejemplo, cuando pisamos como un soldado en un desfile, provocando una sensación de alarma: si tenemos delante a una persona cohibida, acabará encerrándose más; si se trata, en cambio, de una persona fuerte, las posibilidades de iniciar una relación simétrica de conflicto aumentarán (Nardone, 2020).

Por el contrario, si nos acercamos al otro con movimientos demasiado lentos, podemos dar la impresión de desinteresados, faltos de carisma o incluso débiles.

Durante la presentación, nuestra postura deberá ser armónica, bien erguida pero sin excesiva apertura. La idea occidental de que para estar erguido hay que mantener los hombros muy abiertos es errónea, ya que esta postura es antinatural para el ser humano y conduce a una contracción de los músculos dorsales.

Una forma eficaz de conseguir y mantener una buena postura es la que se enseña en las artes marciales:

se trata de levantar los brazos y extenderlos hacia arriba creando una línea continua con las manos, el cuerpo y los pies; cuando los brazos estén bien estirados, bastará relajarlos lentamente devolviéndolos a su posición natural junto al busto. El efecto que se producirá es sorprendente, puesto que se conseguirá una postura erguida, carismática y extremadamente natural, y además sin tensiones.

Otra técnica para lograr una buena postura es la que el método Feldenkrais denomina «eutonía», es decir, un estado armonioso en el que al caminar se implica todo el cuerpo y no solo la parte inferior, creando una tensión de base de todo el cuerpo. En ese caso concreto hay que mantener la mirada vestibular, esto es, la posición de la cabeza que alinea los ojos y los vestíbulos auriculares, como cuando se mira el horizonte: todo el cuerpo quedará erguido, pero sin rigidez (Nardone, 2020).

El conjunto de nuestros movimientos deberá armonizarse asimismo con el ambiente que nos rodea, es decir, deberemos parecer muy cómodos en el lugar donde estemos.

También nuestra respiración deberá ser relajada, sin excesos, y apoyada por los movimientos del diafragma; si, por el contrario, nuestra respiración es corta y torácica, pareceremos agitados y nerviosos.

Otro momento crucial de la presentación es el momento de estrechar la mano.

A diferencia de lo que cabría pensar y que a menudo se enseña en excéntricos cursos de comunicación no verbal, el apretón no debe ser demasiado fuerte ni demasiado flojo. El contacto ideal es *pleno,* mantenido justo un instante más de lo normal, a fin de establecer un vínculo distinto del habitual.

Si consideramos que la piel es el órgano sensorial más extenso que poseemos, deberemos procurar tener la mano lo más seca posible, cálida y acogedora.

La idea de presentarse y estrechar la mano húmeda de una persona a la que quizás acabamos de ver saliendo del baño nos produce la mayor repulsión.

En cuanto a la percepción olfativa, deberemos evitar los olores excesivamente fuertes y transmitir una sensación de cuidado y limpieza, prestando especial atención al cuidado de los dientes y del aliento, ya que la boca es un instrumento comunicativo importante.

Por último la voz, aunque menos utilizada en esta primera fase de contacto, deberá atraer y fascinar al otro.

Durante la presentación deberemos prestar mucha atención a los gestos, a los guiños, a la postura, a la proxémica y a la forma de andar que, al ser menos controlables que la mirada y la voz, revelan más aún el estado emocional de las personas en la interacción (Nardone *et al.*, 2006).

Si, en el momento de la presentación, nuestro cuerpo se ve armonioso y relajado, la comunicación saldrá beneficiada. Pero para parecer relajados no basta esforzarse por parecerlo, sino que hay que estarlo realmente.

De hecho, el esfuerzo por parecer auténtico a toda costa y por demostrar el yo real genera la paradoja del «sé espontáneo», y transforma este noble intento en su opuesto, bloqueando la espontaneidad (Nardone *et al.*, 2006).

Aunque pueda hacer reír, las empresas están llenas de directivos capaces que no han sabido gestionar todos estos elementos de comunicación, y eso ha perjudicado su carrera.

En los casos en que nos presentamos no a una sola persona, sino a un grupo, son válidas todas las dinámicas que acabamos de describir, con la excepción de algunas.

Mientras nos acercamos deberemos mirar a todas las personas evitando centrarnos en una sola, y nuestros gestos de apertura deberán ser más amplios, como si quisiéramos abarcar a todos los que tenemos delante, aunque procurando no exagerar actitudes demasiado amistosas y complacientes.

Cuando ya nos hemos reunido con el grupo de personas, deberemos presentarnos a cada una de ellas del modo que hemos descrito antes.

Durante la interacción, procuraremos observar a todos los individuos del grupo y, mientras dialogamos, nuestra mirada deberá detenerse en cada uno.

Lo que deberemos tratar de evitar a toda costa es que alguien se sienta excluido de la dinámica comunicativa, de modo que será muy funcional fomentar la implicación y participación de todas las personas, sin descartar a nadie.

Si en el contexto en el que vamos a presentarnos se prevé hablar en público delante de mucha gente, o al menos delante de más de cinco personas, buena parte de la primera impresión que suscitaremos dependerá del modo en que entremos en la sala o en el escenario.

A diferencia de las decenas de teorías relacionadas con *public speaking,* que aparecen en los distintos cursos de formación sobre el tema, el primer momento de la entrada en escena no deberá tener como objetivo principal crear inmediatamente un contacto verbal con el público.

Por lo tanto, será preferible evitar todas esas frases del tipo: «que levante la mano el que ya me conoce», «que se ponga en pie el que ya ha asistido a algún evento nuestro», que suelen utilizarse para congraciarse con el público.

Lo que marcará la diferencia a la hora de crear un juicio positivo en el público será la gestión de nuestra postura, los tipos de movimiento físico que adoptemos y la carga de emoción que logremos transmitir.

Por poner un ejemplo: si subimos a un escenario con movimientos elegantes pero decididos, con una postura erguida, un paso suave pero firme y, una vez en el centro del escenario, empezamos a mirar al público guardando silencio durante unos segundos, captaremos de manera automática la atención de todos y nos convertiremos en una especie de catalizador.

Actuando de esta manera, las personas sentirán de inmediato curiosidad y, gracias a la atmósfera cargada de emoción, estarán predispuestas a la sugestión que nuestras primeras palabras puedan generar. Por esta razón, conviene empezar siempre nuestro discurso con una frase que pueda impactar y despertar sensaciones.

Al comienzo de un seminario clínico organizado por nosotros en Florencia sobre el tema de la hipnoterapia sin trance, el orador, Giorgio Nardone, subió al escenario y en medio de un religioso silencio empezó a mirar al numeroso público en todas direcciones, asintiendo lentamente con un movimiento rítmico y cadencioso. En pocos instantes las más de seiscientas personas que había allí estaban completamente atrapadas, seguía reinando el silencio y se podía respirar una atmósfera cargada de emoción y de expectativa. Solo tras haber creado este clima, el profesor empezó su ilustrativa exposición, partiendo precisamente de las técnicas de hipnosis sin trance aplicadas a la gestión de la primera impresión.

Este tipo de sugestión hipnótica que podemos utilizar cuando hablamos en público produce lo que se define como «efecto Barnum», esto es, una mayor predisposición hacia nosotros, una reducción natural de las resistencias y, por tanto, una mayor propensión a aceptar nuestras tesis.

Esas capacidades sugestivas y, en ciertos aspectos, «teatrales» también fueron utilizadas por el filósofo griego Protágoras, quien, como un auténtico experto, creó una puesta en escena para introducirse a sí mismo ante quien reclamaba sus valiosos servicios.

Cuando Protágoras se dirigía a casa de un noble que lo había convocado para recibir sus enseñanzas, se presentaba con un grupo de seguidores que formaban una cola de dos filas.

En el momento en que se detenía, las personas que lo seguían se desplegaban a sus costados como formando los bastidores de un teatro, y cuando empezaba a caminar de nuevo volvían a formar la fila.

Como se desprende de esa organización, todo estaba estudiado hasta los mínimos detalles, incluido el lenguaje no verbal y los efectos escénicos.

El poeta y novelista Thomas Hardy, en su novela *Lejos del mundanal ruido,* escribió: «Hay una locuacidad que no dice nada y hay un silencio que dice mucho».

Si consideramos además el contexto actual, no podemos dejar de estudiar cómo poder causar una buena primera impresión también *on line* desde la primera presentación.

Entrar en escena de esta manera es muy distinto a hacerlo presencialmente, porque en la mayoría de los casos solo se expone la parte superior del cuerpo, de la cintura a la cabeza, y por tanto la atención se centra sobre todo en la expresión. La postura de los hombros y de la cabeza es muy indicativa. Para que los hombros estén erguidos, pero no rígidos, es importante mirar la pantalla como si mirásemos el horizonte, en lo que los antropólogos definen como «visión vestibular», que hemos explicado con anterioridad (Nardone, 2020).

Teniendo en cuenta además que las actuales cámaras de los ordenadores o de otros dispositivos tienen una gran resolución, es fundamental cuidar los detalles de nuestro aspecto, que representa la comunicación no verbal estática.

Lo que tenemos que hacer es un salto de paradigma lógico, es decir, debemos acostumbrarnos a pensar que una videollamada tiene exactamente el mismo valor que una reunión en directo, en algunos aspectos potenciada y en otros limitada. Por tanto, si en un encuentro formal en directo, como una reunión profesional, un asesoramiento empresarial, una clase universitaria, una sesión de psicología o de *coaching* o una conferencia, nos preparamos eligiendo la ropa que vamos a ponernos o procurando cuidar nuestro aspecto, lo mismo hay que hacer en una sesión *on line* (Nardone *et al.*, 2020).

El hecho de estar sentados cómodamente a la mesa de trabajo de nuestra propia casa no debe hacernos subestimar nunca el impacto que podemos causar en nuestros interlocutores.

Si el cuidado de nuestro aspecto al aparecer en la pantalla es un elemento crucial de nuestra comunicación telemática, no menos importante es el escenario donde se desarrolla la interacción.

El telón de fondo sobre el que se produce la conexión, esto es, lo que tenemos a nuestras espaldas y a nuestro alrededor, desempeña un papel tan importante como subestimado demasiado a menudo.

En la mayoría de los casos, de hecho, se descuida del todo el entorno que capta la cámara y, por muy superficial que pueda parecer, es precisamente lo que el sujeto con el que interactuamos contempla a nuestras espaldas lo que habla por nosotros tanto como los otros factores comunicativos: el marco hace cambiar la percepción del cuadro (Nardone *et al.*, 2020).

Otro elemento que hay que tener en cuenta para crear una buena primera impresión *on line* es la gestión de las luces y el encuadre para que la imagen sea adecuada para la web, además del hecho de conocer bien la tecnología y las funciones de la plataforma que debemos utilizar para conectarnos con los demás.

Por último, vale la pena recordar que los límites de la comunicación con uno mismo y con los demás se ponen de manifiesto por el hecho de que, desde un punto de vista verbal, es posible comunicar al otro el propio yo ideal, pero lo no verbal traiciona, sobre todo a través de las partes más periféricas del cuerpo.

Por tanto, para evitar mostrar formas de rigidez o tensiones durante un intercambio comunicativo, hay que ser capaces de mantenernos en un estado natural y relajado, induciendo en uno mismo lo que se quiere inducir en el otro (Nardone *et al.*, 2006).

Para acabar este apartado dedicado a las distintas circunstancias y a los diferentes modos en que la presentación puede causar una buena impresión, podemos afirmar que el momento de nuestra presentación es extremadamente delicado, puesto que la autoimposición de actitud o de comportamiento produce a menudo efectos sorprendentes (Nardone *et al.*, 2006).

No es casual que cuanto mayor sea el esfuerzo con que mendigamos los aplausos y el reconocimiento, más difícil será obtenerlos.

12. Más allá de la primera impresión: el carisma

«Jesucristo, como todas las personalidades carismáticas,
tenía el poder no solo de decir él mismo cosas bellas
sino también de hacer que los otros se las dijeran».

Oscar Wilde

La gestión atenta del primer contacto interpersonal es fundamental para causar una buena impresión y sentar las bases de una relación fructífera, pero no es suficiente para conquistar al otro hasta el punto de parecer carismáticos a sus ojos.

Tras haber acogido al desconocido y haber sido presentado, habrá que prestar mucha atención al momento del diálogo, durante el que será preferible mantener una postura tranquila y erguida, elegante pero flexible.

Sea cual sea la circunstancia en que se encuentre, personal o profesional, el comienzo del diálogo no deberían marcarlo las palabras, sino más bien un gesto no verbal, como por ejemplo abrir los brazos y las manos en una invitación al otro a tomar la palabra, manteniendo el contacto ocular, bajando el mentón y la cabeza como cuando se asiente e iniciando una ligera sonrisa (Nardone, 2020).

Esto permitirá a nuestro interlocutor decidir si empezar a hablar o esperar una pregunta nuestra: en ambos casos seremos nosotros los que conduciremos el diálogo, tras haber dado el empujón inicial.

De este modo, crearemos un clima acogedor que favorecerá el diálogo, pero lo gestionaremos en una interacción estratégica.

Cuando la persona haya tomado la palabra, procuraremos escucharla sin interrumpir y no hablaremos hasta que haya terminado su discurso, tratando de evitar pontificar y practicando la alternancia entre preguntas, paráfrasis y evocación, como enseña de modo magistral el diálogo estratégico.

Pero incluso mientras hablamos, será fundamental prestar una atención constante a la comunicación no verbal del otro, a lo que nos quiere comunicar implícita y explícitamente, para adaptarnos a nuestras sensaciones teniendo siempre en cuenta el contexto en que nos encontramos, el momento concreto, el grado de conocimiento de la persona, el objetivo que pretendemos conseguir en esa interacción y las posibles excepciones a las reglas.

El momento del diálogo resulta crucial para la evolución de la relación, porque es la fase en la que la persona buscará todos los elementos que pueden o no confirmar su primera impresión sobre nosotros.

Si nuestro interlocutor se ha sentido acogido desde el primer momento, durante la alternancia del diálogo se activará en él un proceso de autopersuasión que desencadenará una profecía positiva para el desarrollo de la relación.

Si, por el contrario, no hemos sido capaces de crear desde el primer momento de la interacción un contacto estimulante, con más razón deberemos gestionar el diálogo con mucho cuidado, a fin de desmentir la mala impresión inicial.

De hecho, siempre conviene tener en cuenta que la mayor parte de las personas busca automáticamente la confirmación de sus propias percepciones, y que muy a menudo quien busca encuentra y quien no encuentra inventa.

Durante el diálogo, se deberá prestar especial atención a la comunicación paraverbal, que deberá armonizarse con el tipo de elocución para que resulte más sugestiva y convincente.

Un buen comunicador debe aprender a modular la voz y a acompañarla con la mirada y con los movimientos proxémicos de manos y cabeza más adecuados a la situación, puesto que el efecto «primera impresión» es un instrumento de comunicación que genera sensaciones de placer en el otro y que puede llegar a seducir.

La vida diaria de cada uno de nosotros revela cómo la entonación, el ritmo, la duración y las pausas de la elocución son fundamentales en la percepción que tenemos del otro y que el otro tiene de nosotros. La prosodia funciona como marco del lenguaje hablado y puede reducir, amplificar o transformar su potencialidad y su efecto.

Por ejemplo, si en el diálogo queremos pasar por alto determinado aspecto, será preferible evitar las pausas para impedir que la atención del que escucha tenga tiempo de detenerse en ese detalle. En cambio, si queremos que nuestro interlocutor preste mucha atención a lo que vamos a decirle, deberemos anteponer una pausa para crear en él un efecto de expectativa. Si deseamos comunicar algo importante que se le quede grabado, el tono deberá ser marcado y puntual. Por el contrario, si queremos evitar que el interlocutor se detenga en un tema incómodo, será preferible un tono suave (Nardone *et al.,* 2006).

Desde esta perspectiva, la comunicación se convierte también en un regulador emocional que hay que utilizar cuando es necesario distanciarse de un problema y de sus efectos emocionales.

Por ejemplo, la capacidad de hablar o de callar en los momentos oportunos, con respecto a los efectos que se espera causar en los demás, ayuda a ser aceptado y estimado, pero también actúa como regulador emocional. Si mantenemos una postura rígida ante nuestro interlocutor, le transmitiremos la idea de que somos hostiles, pero también induciremos en nosotros una percepción amplificada de los puntos en que disentimos (Nardone *et al.,* 2006).

El uso de la prosodia también es fundamental para la autorregulación emocional y como herramienta para calmar la agitación, o para distanciarse de una situación demasiado comprometida.

Como es sabido, hablar y respirar son dos acciones coordinadas que sirven para favorecer la producción del sonido durante la fase de espiración. La salida del aire de los pulmones permite la producción vocal, que resulta alterada, o incluso ahogada, si se intenta durante la inspiración. Al inspirar, los sonidos que conseguimos producir son extremadamente breves, porque enseguida nos falta el aire.

Cuando estamos agitados o especialmente emocionados tendemos a acelerar nuestro discurso, a subir el volumen de la voz y a hablar mientras inspiramos; nos esforzamos por coger más aire por la nariz, a veces incluso por sugerencia del otro, y el bloqueo emocional-vocal-respiratorio se amplifica. De modo que obtenemos exactamente lo contrario de lo que desearíamos: nos agitamos aún más, renunciamos a la gestión emocional, los parámetros fisiológicos se alteran y la ansiedad aumenta.

Siempre que nos presentamos a un desconocido, ya sea en una conferencia, una entrevista profesional, la cita con el hombre o la mujer de nuestros sueños, un examen o una reunión de equipo podemos entrenar la coordinación entre prosodia, respiración y emoción. Reducir la velocidad del discurso y bajar el volumen de la voz facilitará la emisión del sonido en la fase de espiración y favorecerá una respiración más lenta y profunda, y por tanto, tranquilizadora.

La respiración diafragmática calmará nuestro estado físico, pero también serenará nuestro estado de ánimo, lo que hará que nos sintamos más cómodos en la situación expositiva en que nos encontramos.

El conocimiento operativo de la primera impresión, orientado a su gestión estratégica, supera la tentación reduccionista de considerar los aspectos no verbales de forma aislada y los sitúa siempre en el contexto en que se manifiestan y en la comunicación concreta que se está produciendo.

Por consiguiente, los movimientos del cuerpo, sobre todo los de la cabeza y las manos, deben armonizarse con la voz y con la mirada.

Mucho se ha escrito sobre la importancia de entrar en sintonía con el lenguaje y con las actitudes del interlocutor, a fin de favorecer un mejor entendimiento relacional. Sin embargo, acercarse al otro copiando su lenguaje o sintonizándose con su lógica no siempre crea armonía. A veces la armonía se consigue al utilizar modalidades lingüísticas distintas y al adoptar posturas complementarias a las del interlocutor (Nardone *et al.*, 2006).

Pensemos en cuántas veces hemos interactuado con una persona verborreica que, nada más presentarse, ha empezado a contarnos la historia de su vida. En estos casos, seguramente sería más beneficioso para el encuentro intentar insinuarnos en los mínimos espacios comunicativos con frases breves y fulminantes, en vez de tratar de seguir su discurso frenético e incontrolado, con el consiguiente riesgo de acabar exhaustos e irritados en unos pocos minutos.

A menudo el deseo de obtener la aprobación es lo que nos empuja a seguir a nuestro interlocutor imitando su estilo personal, pero este intento puede resultar contraproducente porque, si nos desvirtúa demasiado, puede hacernos parecer afectados e incómodos.

Otro elemento comunicativo muy importante en el diálogo es la función fática, que afecta a algunas formas estereotipadas del discurso como las formalidades, los comentarios sobre el tiempo, los saludos de despedida u otras locuciones que sirven para mantener el canal, es decir, para abrir, mantener abierto o cerrar un contacto entre dos o más interlocutores. Algunos ejemplos serían las expresiones: «¿Todo bien?», «¿está claro?», «¿lo has entendido?», «¿me sigues?».

Esa función, desarrollada en la teoría de la comunicación lingüística de Roman Jakobson, aparece cuando el mensaje se orienta principalmente a la verificación del contacto a través del cual el hablante envía al oyente mensajes que no sirven para comunicar contenidos, sino más bien para controlar si existe la posibilidad de la comunicación, es decir, una apertura del canal físico y psicológico (Jakobson, 1963).

De hecho, si mantenemos abierto el canal con el interlocutor y evitamos concentrarnos en exceso en nosotros mismos y en el efecto que parece que provocamos en el otro, podremos sentir curiosidad por observar, escuchar y conocer a quien tenemos enfrente.

Hay interacciones en las que la creación de una buena impresión se ve obstaculizada desde la primera aproximación por inseguridades o actitudes personales. Es el caso, por ejemplo, de la persona demasiado disponible y condescendiente, que siempre pone por delante a los demás, incluidos los desconocidos.

Como hemos comentado con anterioridad, la disponibilidad hacia los demás es una cualidad humana indudable, que denota apertura, disposición de ánimo, solicitud, sensibilidad, amabilidad y, cuando se manifiesta en la primera aproximación a un desconocido, en general se considera una buena señal de una relación funcional y satisfactoria. Su expresión en acciones mínimas como hacer cumplidos y preguntas al otro, llamarle el ascensor, servirle agua o cederle el mejor asiento en el teatro son sin duda demostraciones de disponibilidad y atención.

Pero si esta disponibilidad es excesiva e indiscriminada, la impresión que causará será la de una persona que tiene tendencia a ceder ante los demás, y muchos se dispondrán a aprovecharse de ella.

Otro caso en que la posibilidad de causar una buena primera impresión se malogra desde el primer momento es el de la persona extremadamente desconfiada.

La sugerencia «fiarse está bien, pero no fiarse es mejor» parece sensata si tenemos en cuenta las frecuentes traiciones y desilusiones que sufrimos. Pero cuando la desconfianza se convierte en defensa preventiva, aunque nos protege de amargas decepciones, se convierte en un acto comunicativo muy potente frente a las otras personas, en las que suscitaremos la misma desconfianza (Nardone, 2013).

¿Recordáis lo que sucedió aquella vez que os presentaron a aquella amiga de una amiga que os miró «de arriba abajo» y luego con una postura rígida y una sonrisa parecida a una mueca os estrechó la mano y la retiró antes de que pudierais corresponder al gesto?

¿Qué efecto os produjo? ¿Os suscitó simpatía o antipatía? ¿Sentisteis que podíais confiar en ella o más bien no?

Seguramente, ante una actitud tan distante y descalificadora como esta sentisteis desconfianza y necesidad de defenderos de un fuerte sentimiento de recelo.

La defensa preventiva de la amiga de vuestra amiga os golpeó, pero luego, como un bumerán, se volvió en su contra, porque en posteriores interacciones vosotros también os mostrasteis tensos, mal predispuestos y críticos con ella.

En realidad, aunque la desconfianza se considere beneficiosa y razonable, su juego de miradas puede llevar de la desconfianza al rechazo o de la defensa al conflicto. Aunque sobrevalorada respecto de la confianza excesiva e insensata, y por esta razón practicada con demasiada frecuencia, no es en absoluto menos desastrosa (Nardone, 2013).

Una estrategia útil para mejorar la capacidad relacional parece ser aumentar el conocimiento y el trato de las personas que vemos poco o que nos hacen sentir más incómodos.

Nuestra actitud hacia las personas y las situaciones está influida por el número de veces que hemos estado expuestos en el pasado a ese tipo de personas y a ese tipo de situaciones. Y esto ocurre por la forma inconsciente con que actúa la familiaridad en la producción de la simpatía (Cialdini, 1984).

La curiosidad y el interés por quien tenemos delante actúan de ecualizadores de las frecuencias de pensamiento, emoción y acción en el conjunto de señales que caracterizan la experiencia en curso.

Por otra parte, la curiosidad insaciable es la cualidad más característica de los grandes personajes de la historia; es el incentivo para conocer y experimentar cada vez más; es el trampolín para imaginar perspectivas insólitas de la realidad; es el elemento que nos empuja más allá de nuestros límites. Pero la curiosidad no es algo dado, sino una continua disposición a actuar que nunca se anquilosa y es fruto de una actitud mental (Nardone y Bartoli, 2019).

La curiosidad es típica de las personas carismáticas.

El carisma indica un «estado de gracia» inmediatamente reconocible en algunas personas que parecen desprender algo que va más allá de las cualidades humanas ordinarias, e impresionan a quienes se relacionan con ellas. A menudo tendemos a pensar en el carisma como un don que se posee o no; sin embargo, la historia de los hombres carismáticos nos sugiere que en realidad son las adversidades de la vida, afrontadas con lágrimas y esfuerzo hasta alcanzar el éxito, las que los dotan de la seguridad y del poder personal que emanan desde el primer contacto con ellos.

Debemos renunciar, por tanto, a la idea del carisma como don divino, ya que se trata más bien de una conquista personal, obtenida a menudo de manera involuntaria a base de afrontar y superar los desafíos de la vida (Nardone, 2015).

Esto resulta ser una posible ventaja, ya que, aunque no podemos cambiar nuestro pasado, podemos no obstante ejercer uno de los aspectos más importantes del carisma, esto es, la capacidad persuasoria.

La persona carismática destaca, por definición, sobre las demás porque encarna una personalidad heroica y demuestra un valor ejemplar. Sin pretender convertirnos en héroes, podemos entrenarnos para ser carismáticos precisamente aprendiendo a influir en la impresión que los demás se forman de nosotros «a primera vista» y regulando sus consiguientes efectos.

Para lograrlo, debemos centrarnos necesariamente en las habilidades persuasivas.

Si nos ejercitamos de manera constante y prolongada en el arte de la persuasión, conseguiremos practicar sus matices con naturalidad y seremos percibidos por los demás como personas carismáticas.

Si tenemos en cuenta que en los primeros segundos de una nueva interacción es cuando nos jugamos la posibilidad de ejercer algún tipo de influencia sobre nuestro interlocutor, debemos utilizar a nuestro favor el efecto «primera impresión». Si somos capaces de fascinar y captar de inmediato la atención de nuestro interlocutor mostrándonos carismáticos a sus ojos, contaremos con una valiosa «arma secreta» que nos dará ventaja en las relaciones sociales y profesionales. Y al contrario, la incapacidad de gestionar nuestra forma de presentarnos desde las primeras frases de una interacción se convertirá en un límite importante (Nardone *et al.*, 2000).

Esa arma útil de la primera impresión carismática, como todas las armas, también hay que saber gestionarla a fin de evitar que nos «explote en las manos».

Aunque la fascinación y su efecto «halo» representan una notable ventaja relacional e identitaria, siempre se nos pedirá que en adelante confirmemos y concretemos lo que tan hábilmente hemos transmitido (y se ha percibido) de nosotros mismos al comienzo de la interacción.

Por ejemplo, al continuar la interacción siempre debemos recordar la regla de la reciprocidad, la eficaz técnica de persuasión que es la base de los compromisos.

Una de las maniobras incluidas en esta regla es la que Robert Cialdini denomina «repliegue después del rechazo», y consiste en presentar primero una petición que nuestro interlocutor muy probablemente tenderá a rechazar, y luego presentar la petición menor, que era la que se tenía pensada desde un principio (Cialdini, 1984).

La capacidad de persuadir nos hace ahorrar tiempo y energías, nos permite obtener resultados que de otro modo sería imposible lograr (Nardone, 2015), nos hace más carismáticos y puede mejorar nuestras cualidades de líderes sugestivos, capaces de hacer que emerjan los mejores atributos de las personas para las que somos puntos de referencia.

Pero la capacidad de persuadir también nos permite al mismo tiempo gestionar los intentos de persuasión y de fascinación realizados, más o menos conscientemente, por los demás, y enfrentarnos de manera eficaz a las «buenas» apariencias, desmentidas luego por los comportamientos.

Como escribió Blaise Pascal: «La gente llega a sus creencias no sobre la base de las pruebas, sino sobre la base de lo que encuentra atractivo».

CUARTA PARTE

La primera impresión en el marketing

«Más de una vez, viendo frecuentemente las muchas cosas que se venden en público, [Sócrates] decía para sí mismo: "Cuánto hay que no necesito"».

DIÓGENES LAERCIO
Vidas de los filósofos ilustres

13. Primera impresión y marca

«Las personas no compran productos y servicios,
sino relaciones, historias y magia».
SETH GODIN
Esto es marketing, 2018

Hoy en día las empresas tienden cada vez más a diferenciar su oferta desarrollando una verdadera imagen de marca que las distinga y diferencie de sus competidoras.

Esta imagen se transmite principalmente a través de las distintas formas de publicidad, tradicionales y de vanguardia, con la finalidad de promocionar el producto o servicio de la empresa, darlo a conocer, conseguir nuevos clientes y consolidar la fidelidad de los antiguos, creándose así una buena reputación.

Podemos definir la «marca» como un instrumento de *marketing,* centrado principalmente en la primera impresión que la empresa y sus productos, o servicios, suscitan en los posibles clientes, y destinado a simplificar el proceso de adquisición.

Las estrategias de *marketing,* precisamente porque están basadas en las primeras impresiones y en sus efectos concretos, representan un valioso campo de estudio para observar las técnicas de persuasión más utilizadas y eficaces.

Entre los instrumentos de persuasión más empleados por los vendedores y más vehiculados a través de los anuncios publicitarios están: la escasez, la autoridad y la confirmación social (Cialdini, 1984).

La técnica comercial de la escasez se basa en la tendencia humana a desear personas, oportunidades, servicios y objetos de manera directamente proporcional a su disponibilidad limitada. Saber que existen pocas unidades de un producto y la mera idea de perdérselo y de no poder conseguir uno incita a las personas a actuar, mucho más que la esperanza de obtener una ganancia.

Un ejemplo de cómo influye en los individuos la impresión de escasez, o de rareza, lo encontramos en la adquisición de algunos objetos, sobre todo si son valiosos.

Otro tipo de impresión persuasiva utilizada en publicidad es el sentido de deferencia hacia la autoridad. Puesto que desde pequeños hemos sido educados para creer que obedecer a la autoridad legítima está bien y desobedecer está mal, obedecemos espontáneamente a las fuentes que consideramos «autorizadas». Los símbolos a los que somos más sensibles son los títulos, la ropa y los adornos (coche, accesorios y joyas).

Tendemos a confiar cuando la autoridad se refiere a «expertos en la materia», que poseen la capacidad de implicar a los demás e influir en su comportamiento (Cialdini, 1984).

Para distinguir con más facilidad el poder de impresionar (y de influir) de esta estrategia de *marketing* en la televisión o en una web, basta pensar en cómo el factor «autoridad» influye en nuestras primeras impresiones en la vida diaria; por ejemplo, cuando nos presentan a un gran experto en el tema que tanto nos apasiona, o al chef de un restaurante con estrella al que deseamos ir, o a un rico empresario que hace alarde de sus orígenes humildes.

Sin embargo, a menudo la capacidad de hacer valer el principio de autoridad se basa más en la apariencia que en la realidad, es decir, que algunos especialistas de la persuasión acostumbran a representar el papel de autoridad sin serlo realmente.

Otra técnica persuasiva de la que el ser humano es víctima frecuente es la prueba social: si tenemos dudas sobre qué es lo correcto, nos fijamos en lo que hacen nuestros congéneres. Se trata de un fenómeno psicológico y social por el que las personas se basan en las opiniones y acciones de los demás para evaluar lo que está bien o mal en una situación determinada (Cialdini, 1984).

Un ejemplo de ello es la impresión causada por las estrellas amarillas en las recensiones de los productos de Amazon, y la influencia que tienen a la hora de decidir la compra.

Aunque el *marketing* ha evolucionado a lo largo de la historia, su objetivo sigue siendo el mismo: impresionar e influir, induciendo a las personas a adquirir productos o servicios para obtener un beneficio.

Con el tiempo, se ha pasado de una lógica centrada en la necesidad, que inducía a la compra y permitía obtener un beneficio, a una lógica basada en «tocar la fibra sensible» del consumidor para inducirlo a comprar.

En un mercado saturado como el actual, la estrategia de venta más eficaz y persuasiva parece ser la de suscitar emociones. El *marketing* emocional se basa principalmente en las evidencias empíricas, las cuales demuestran que solo el 5% de nuestra mente actúa por mecanismos racionales, mientras que el 95% restante lo hace por mecanismos irracionales e inconscientes (Gallucci, 2014).

El *marketing* emocional nace precisamente para estimular las zonas del cerebro que no están del todo regidas por la racionalidad, para hacer que el consumidor confíe en ellas, al rememorar determinadas situaciones agradables del pasado o al suscitar en él experiencias inolvidables que lo inciten a la compra (Gallucci, 2014).

El objetivo es averiguar cuáles son los deseos y las emociones del consumidor, así como sus necesidades individuales y sociales, a fin de poder satisfacerlas.

El mecanismo que, al parecer, conduce con más facilidad a la compra es: «Deseo, luego compro».

Para crear una buena impresión, la estrategia utilizada prevé ante todo suscitar en las personas sentimientos como la curiosidad, la fiabilidad y la diversión.

Sin embargo, hay que recordar siempre que el ser humano está en relación constante con los demás y con el mundo, además de consigo mismo, y por eso el impulso a adquirir objetos y servicios con elevado contenido simbólico no derivará tan solo de sus gustos y deseos, sino también de la necesidad de sentirse socialmente deseable.

Las distintas marcas emplean modalidades diversas para crear en las personas una impresión imborrable y diferentes impulsos sensoriales capaces de activar una respuesta cerebral: Schweppes eligió un nombre onomatopéyico, Coccolino evoca una sensación de suavidad, el frasco de perfume Trésor recuerda una piedra preciosa.

A este respecto, es importante destacar que reestructurar la imagen de la empresa o cambiar la calidad de los productos también supone gestionar el efecto «primera impresión».

Son pocos los que conocen la «crisis del cuarzo», que en la década de 1970 a punto estuvo de hacer quebrar la industria relojera suiza. Aunque la tecnología de los relojes de cuarzo fue inventada precisamente en Suiza, los relojeros helvéticos de la época no acogieron favorablemente el invento. Para intentar competir con los avances de las marcas japonesas, Rolex contribuyó al desarrollo de la tecnología de cuarzo incorporando algunos modelos innovadores en su línea, pero los japoneses se impusieron y el 25 de diciembre de 1969 se puso a la venta en las tiendas de Tokio el Seiko Quartz Astron, el primer reloj de pulsera de cuarzo del mundo.

A partir de entonces, los competidores japoneses, como Seiko, adaptaron los movimientos al cuarzo y produjeron relojes más baratos y mucho más precisos que cualquier reloj suizo, cosa que provocó una auténtica convulsión en el mercado, hasta el punto de que varias empresas suizas acabaron quebrando.

Sin embargo, Rolex resistió. Y el motivo por el que la empresa superó las turbulencias del mercado y continúa estando de moda es que, más allá de los certificados de calidad de su mecánica *de carga automática,* a partir de entonces cambió la *imagen de la marca* o, simplemente, cambió la percepción que de ella tenían los clientes. El reloj dejó de ser un instrumento para indicar la hora y se convirtió en un signo de estatus social, es decir, en un símbolo mundialmente reconocido de pertenencia a una clase socioeconómica alta o en una prueba irrefutable de riqueza y prestigio social.

Este simple ejemplo describe a la perfección cómo un cambio de percepción de un determinado producto hace que varíen las atribuciones de su significado y, en consecuencia, las impresiones.

Otro ejemplo de cómo modificar la percepción que se tiene de un determinado producto lo tenemos en la historia de la bebida Red Bull.

Las estrategias de *marketing* no convencional que la empresa Red Bull tuvo que inventar están muy relacionadas con el efecto que la primera impresión tiene en el mundo social.

En sus inicios, como no disponía de recursos para invertir en campañas publicitarias, Red Bull se vio obligada a recurrir a estrategias decididamente baratas y tan extrañas como eficaces, como por ejemplo llenar todos los cubos de basura de Londres con latas vacías para despertar la curiosidad de las personas y de la prensa.

Tras haber utilizado esta técnica, las latas en principio anónimas empezaron a ser reconocidas y adquiridas en los supermercados, y poco a poco la bebida se fue haciendo famosa. Imaginemos que caminamos por nuestra ciudad y ¡encontramos todos los cubos de basura llenos durante días de latas vacías de una misma bebida!

La curiosidad de averiguar qué ocurre y qué sabor tiene la bebida que aparentemente bebe toda la ciudad, todos excepto nosotros, llegaría a ser tan fuerte que haría que la comprásemos, lo que generaría finalmente un enorme volumen de ventas.

Tras haber suscitado una primera impresión de curiosidad social generalizada, Red Bull siguió con estrategias de *marketing* originales y dirigidas, vinculando la marca a la diversión y al estilo de vida, hasta el punto de llegar a ser hoy en día uno de los principales patrocinadores de grandes acontecimientos deportivos o de otro tipo.

Al considerar estos ejemplos me vienen a la mente las palabras del teólogo jesuita Henri de Lubac: «La vida es siempre triunfo de lo improbable y milagro de lo inesperado».

14. La ilusión del milagro posible: ¿verdad o engaño?

«En la vida puedes obtener todo lo
que quieres si ayudas a otras personas
a obtener todo lo que ellas quieren».

ZIG ZIGLAR

Hay casos en que la acción del *marketing* va más allá de suscitar deseos, emociones o necesidades, y llega a crear en las personas la impresión de poder vivir una vida completamente diferente, a menudo a años luz de la cotidianidad en que están inmersas.

Mediante hábiles técnicas de sugestión, visuales o musicales, el posible consumidor es transportado a una realidad paralela, deseable y emocionalmente atractiva.

El mensaje subyacente a la impresión parece ser que ese estilo de vida y esa sensación de plenitud podrán conseguirse y el milagro podrá realizarse, pero solo si estamos dispuestos a comprar ese producto o servicio.

En esta categoría se incluyen las campañas publicitarias interpretadas por personajes famosos, que se mueven en lugares rodeados de una naturaleza impresionante o en algunas de las ciudades más bellas del mundo, solos o en compañía de parejas fascinantes. Ya sea un perfume, un coche o un accesorio, los lugares elegidos son lujosos, románticos o peligrosos no solo en función de la impresión que la marca quiere causar en el consumidor, sino también en relación con la identidad por la que quiere ser cada vez más reconocible.

Para sellar la impresión del escenario ideal, la dirección elige cuidadosamente la música y las imágenes de acompañamiento, que alternan ritmos lentos y rápidos, según se desee asociar la impresión de realizar el milagro a una idea de dinamismo, heroísmo, seducción, seguridad o aventura.

La gente tiende a perdonárselo todo, o casi todo, a las marcas famosas, pese a la amargura y la sensación de frustración que deriva de la ilusión de una vida inalcanzable.

Sin embargo, como ya hemos anticipado, esta impresión de poder vivir una vida de vip, como mensaje implícito de los brillantes anuncios, no lo utilizan tan solo las empresas líderes del mercado que venden productos de lujo ni aparece solo en la publicidad que se emite en televisión.

Cada vez más, esta impresión del posible milagro la vemos en el canal publicitario y promocional más moderno: internet.

Se trata de una promesa ilusoria cada vez más frecuente que subyace a la adquisición de servicios, sobre todo relacionados con las temáticas del crecimiento personal, del *coaching*, de la gestión social y del soporte en la creación de la *marca personal*.

Todos los canales sociales están plagados de imágenes y vídeos con supuestos gurús *influencers* que reparten consejos, ofrecen contenidos o promocionan algún curso o asesoramiento junto a un Lamborghini, a la sombra de un elegante cenador balinés o cómodamente sentados en un *loft* neoyorquino con vistas al Empire State Building.

No obstante, estamos convencidos de que pronto se producirán cambios en el *marketing* relacionado con las primeras impresiones y sus efectos, puesto que la nueva tendencia de las personas adineradas es vivir la riqueza de manera discreta e invertir el dinero en la instrucción, los negocios, la salud y el bienestar como expresión de su estatus, en vez de en bienes materiales.

Para acabar este capítulo dedicado a algunas de las impresiones que más impactan en la sociedad, debemos recordar que la marca se define como una promesa de valor, y que su identidad afecta al conjunto de características que hacen que la empresa, sea del tipo que sea, se reconozca fácilmente por su nombre, por el logo elegido, por los eslóganes utilizados y también por lo que revela de la personalidad de quienes la dirigen, de su estilo de vida y de sus valores.

Como sugieren los expertos, ganar y mantener una buena reputación es una cuestión crucial, pero el deseo de parecer mejor de lo que uno siente que es debe mantenerse a raya.

Y, sobre todo, para poder cuidar la buena reputación propia, hay que ser capaces de crear primero una buena impresión, manteniendo el foco en la mejora continua de las propias capacidades técnicas, estratégicas, comunicativas y relacionales.

Pero si se deja de cultivar la pasión por lo que se hace y nos dejamos absorber completamente por la comunicación de quiénes somos y por la ostentación de lo que sabemos hacer, en poco tiempo tendremos muy poco que comunicar.

Para hacer realidad la propia propuesta de valor es fundamental saber gestionar de manera equilibrada el ser y el parecer, haciendo provechosa, rentable y enriquecedora esa dinámica circular entre la opinión que tenemos de nosotros y la opinión que los demás tienen de nosotros.

Si la marca es una promesa de valor, para renovarla habrá que esforzarse por mejorar constantemente ese valor y garantizar su duración en el tiempo.

De lo contrario, ¿qué promesa es esa?

Conclusiones

La formación inmediata de una primera impresión ante un desconocido es inevitable e irrenunciable para el ser humano, y los prejuicios que intervienen en el proceso de construcción desempeñan sin duda una función protectora y útil para la supervivencia.

A todo el mundo le gusta caer bien, pero, en beneficio de nuestro equilibrio psicológico, es necesario dominar los prejuicios y tenerlos en cuenta, pero sin concederles un poder absoluto. Deben dejar de ser enemigos potenciales para convertirse en aliados valiosos, capaces de generar expectativas calibradas y realistas, tanto respecto de nosotros mismos como respecto de los demás.

El reconocimiento de la forma exterior y de sus cambios es una dinámica que acompaña al ser humano en su evolución.

Todos los cambios psicológicos, físicos, comportamentales, sociales, políticos, y hasta las conversiones espirituales, implican una modificación de nuestra expresión exterior.

Solo si evitamos proteger a toda costa nuestra identidad de lo que podría desmentirla, solo si renunciamos a la tentación de interpretar las dinámicas que observamos o experimentamos directamente a través de procesos lógicos de causa-efecto, conseguiremos tener a raya nuestras primeras impresiones, nuestros prejuicios, nuestras creencias y teorías de referencia (Nardone, 2014).

El arte de llegar al corazón, la persuasión, la capacidad de adaptar todos los matices de la comunicación a nuestras aptitudes físicas y mentales y a nuestro estilo personal, son estrategias que, si se practican a diario, pueden producir efectos pragmáticos concretos.

A menudo lo que atrofia las impresiones es la lucha por la supremacía entre conocimiento y conciencia: por un lado, el juez interno, desde una postura de superioridad, duda de la validez y corrección de nuestros pensamientos y de nuestras acciones; por el otro, el sentir reclama ser y actuar sin una abstracción cognitiva separada de la experiencia (Nardone y De Santis, 2011).

Se trata, por tanto, de entrenar una alternancia funcional entre conocimiento y conciencia. El primero es puro pensamiento y reflexión; la segunda es la presencia del sentir lo que hacemos: sus distintas funciones han de interactuar y no entrar en conflicto (Nardone y Bartoli, 2019).

Por el contrario, ser presa de nuestras impresiones, prejuicios y expectativas significa encontrarnos con amargas decepciones, frustraciones indigeribles, sufrimientos dolorosos o, en la peor de las hipótesis, vivir una condena que nos aprisiona y nos hace sentir constantemente en lucha con nosotros mismos, con los demás o con el mundo.

Luigi Pirandello escribió lo siguiente en su obra maestra *Uno, ninguno y cien mil:*

> La realidad que yo tengo para vosotros está en la forma que vosotros me dais; pero es realidad para vosotros y no

> para mí; la realidad que vosotros me tenéis para mí está en la forma que yo os doy; pero es realidad para mí y no para vosotros. Y para mí mismo yo no tengo otra realidad que la forma que logro darme. ¿Y cómo? Construyéndome, precisamente.

Dedicados solo a «reconocer» y confirmar nuestras ideas, en vez de a «conocer», descuidaremos la confrontación abierta con perspectivas distintas de las nuestras, seremos incapaces de descubrir y fijaremos más nuestras teorías (Nardone y Bartoli, 2019).

En esencia, sufrir nuestros prejuicios dándoles total credibilidad equivale a sufrir nuestra existencia en vez de poderla gestionar.

Recordando las palabras iniciales de *Del inconveniente de haber nacido,* de Emil Cioran:

> Me desligo de las apariencias y, no obstante, me enredo en ellas; mejor dicho: estoy a medio camino entre esas apariencias y eso que las invalida, eso que no tiene ni nombre ni contenido, eso que no es nada y que es todo. Nunca daré el paso decisivo fuera de ellas. Mi naturaleza me obliga a flotar, a eternizarme en el equívoco, y si tratara de decidirme, sea en un sentido o en otro, perecería por salvarme.

Agradecimientos

Agradecemos a Giorgio Nardone quien nos guía y nos ayuda siempre a ser la mejor versión de nosotros mismos como profesionales y como personas.

Bibliografía

Agustín de Hipona, *Confesiones,* en *Los filósofos medievales,* vol. I, trad. de A. C. Vega, Madrid, Biblioteca de Autores Cristianos, 1979.

—, *El maestro,* en *Obras completas,* vol. III, trad. de M. Martínez, Madrid, Biblioteca de Autores Cristianos, 2009.

Anolli, L. y Ciceri, R., «The Voice of Deception: Vocal Strategies of Naive and Able Liars», *Journal of Nonverbal Behavior* 21, 259–284, 1997.

Arcuri, L., «Giudizio e diagnosi clinica. Analisi degli errori», *Scienze dell'interazione* 1/1 (1994), pp. 107-116.

— y Castelli, L., *La cognizione sociale. Strutture e processi di rappresentazione,* Roma, Laterza, 2004.

Asch, S. E. [1962], *Psicología social,* trad. de Elías Mendelievich, Buenos Aires, Eudeba, 1976.

Austen, J. [1813], *Orgullo y prejuicio,* trad. de Alejandro Pareja, Madrid, Edaf, 2011.

Bergoglio, J.M. y Skorka, A., *Sobre el cielo y la tierra,* Madrid, Debate Editorial, 2013.

Bolen, J. S., *Gods in Everyman. A New Psychology of Men's Lives and Loves,* Nueva York, Harper Collins, 1989 [trad. cast.: *Los dioses de cada hombre. Una nueva psicología masculina,* trad. de Alicia Sánchez Millet, Barcelona, Kairos, 2002].

Boring, E. G., *A History of Experimental Psychology,* 2.ª ed., Nueva York, Appleton-Century-Crofts, 1930 [trad. cast.: *Historia de la psicología experimental,* trad. de Rubén Ardilla, Ciudad de México, Trillas, 1978].

Cagnoni, F. y Milanese, R., *Cambiare il passato. Superare le esperienze traumatiche con la terapia strategica,* Milán, Ponte alle Grazie, 2009 [trad. cast.: *Cambiar el pasado. Superar las experiencias traumáticas con la terapia estratégica,* trad. de Jordi Bargalló, Barcelona, Herder, 2010].

Centenaro, L. y Sorchiotti, T., *Personal branding. Promuovere sé stessi online per creare nuove opportunità,* Milán, Hoepli, 2013.

Cialdini, R. B., *Influence. The Psychology of Persuasion,* Nueva York, William Morrow & Company, 1984 [trad. cast.: *Influencia. Ciencia y práctica de la persuasión,* Madrid, Ilustrae, 2014].

Comte, A. [1851-1854], *Système de politique positive,* París, Hermann, 2022 [trad. cast.: *La filosofía positiva,* Ciudad de México, Porrúa, 2004].

Damásio, A. R., *Self Comes to Mind. Constructing the Conscious Brain,* Nueva York, Pantheon Books, 2010.

Della Porta, G. B., *De Humana Physiognomonia, Libri IIII,* Giuseppe Cacchi di Vico Equense, 1586 [trad. cast.: *Fisiognomía,* Madrid, Asociación Española de Neuropsiquiatría, 2007].

Elster, J., *Logic and Society. Contradictions and Possible Worlds,* Chichester y Nueva York, John Wiley & Sons, 1978 [trad. cast.: *Lógica y sociedad. Contradicciones y mundos posibles,* trad. de Margarita N. Mizraji, Barcelona, Gedisa, 2009].

—, *Ulysses and the Sirens. Studies in Rationality and Irrationality,* Cambridge, Cambridge University Press, 1979

[trad. cast.: *Ulises y las sirenas. Estudios sobre racionalidad e irracionalidad,* trad. de Juan José Utrilla, Ciudad de México, Fondo de Cultura Económica, 2003].
Feldenkrais, M., *Body and Mature Behavior. A Study of Anxiety, Sex, Gravitation, and Learning,* Berkeley, Frog Books, 1949.
Forgas, J. P., *Comportamento interpersonale. La psicologia dell'interazione sociale,* Roma, Armando Editore, 1995.
Galimberti, U., *Nuovo Dizionario di Psicologia. Psichiatria, Psicoanalisi, Neuroscienze,* Milán, Feltrinelli Editore, 2018 [trad. cast.: *Diccionario de psicología,* Ciudad de México, Siglo XXI, 2002].
Gallese, V. y Guerra, M., *Lo schermo empatico. Cinema e neuroscienze,* Milán, Raffaello Cortina, 2015.
Galli, G. (ed.), *La persona in relazione. Sviluppi della psicologia della Gestalt,* Nápoles, Liguori, 2009.
Gallucci, F., *Marketing emozionale e neuroscienze,* Milán, Egea, 2014.
Ganong, F. W., *Fisiologia medica,* Padua, Piccin Editore, 1979 [trad. cast: *Fisiología médica,* Madrid, McGraw Hill, 2020].
Gazzaniga, M. S., *The Mind's Past,* Berkeley-Los Ángeles, University of California Press, 1999 [trad. cast.: *El pasado de la mente,* trad. de Pierre Jacomet, Barcelona, Andrés Bello, 1998].
Hogg, M. A. y Vaughan, G. M., *Social Psychology,* Thousand Oaks, Sage, 2016 [trad. cast.: *Psicología social,* Buenos Aires, Editorial Médica Panamericana, 2010].
Huxley, A. L., *The Doors of Perception,* Londres, Chatto & Windus, 1954 [trad. cast.: *Las puertas de la percepción. Cielo e infierno,* trad. de Miguel de Hernani, Barcelona, Edhasa, 2002].

Ignacio de Loyola, *El relato del peregrino. Autobiografía de Ignacio de Loyola,* Bilbao, Mensajero, 2011.
Jakobson, R. O., *Essais de linguistique générale,* París, Les Éditions de Minuit, 1963 [trad. cast.: *Ensayos de lingüística general,* trad. de Josep Maria Pujol y Jem Cabanes, Barcelona, Seix y Barral, 1981].
James, W., *Principles of Psychology,* Nueva York, Henry Holt & Co., 1890 [trad. cast.: *Principios de psicología,* trad. de Agustín Bárcena, Ciudad de México, Fondo de Cultura Económica, 1994].
Jung, C. G. [1977], *Arquetipos e inconsciente colectivo,* trad. de Miguel Murmis, Barcelona, Paidós, 2009.
Juslin, P. N. y Scherer, K. R., «Vocal expression of affect», en J. A. Harrigan, R. Rosenthal y K. R. Scherer (eds.), *The New Handbook of Methods in Nonverbal Behavior Research (Series in Affective Science),* Oxford, Oxford University Press, 2005.
Koch, C., *Consciousness. Confessions of a Romantic Reductionist,* Cambridge, The MIT Press, 2012.
—, *Sentirsi vivi. La natura soggettiva della coscienza,* Milán, Raffaello Cortina, 2021.
Lavater, J. C. [1772], *Physiognomy,* Londres, Franklin Classics Trade Press, 2018.
LeDoux, J., *Synaptic Self. How Our Brains Become Who We Are,* Nueva York, Penguin, 2002.
Lewin, K. Z., *Resolving Social Conflicts,* Nueva York, Harper and Row, 1948.
—, *Field Theory in Social Science. Selected Theoretical Papers,* Nueva York, Harper & Row, 1951 [trad. cast.: *La teoría del campo en la ciencia social,* trad. de Marta Laffite y Julio Juncal, Barcelona, Paidós, 1988].

— [1936], *Principles of Topological Psychology,* Nueva York, McGraw-Hill, 1966.
—, *Dinámica de la personalidad. Selección de artículos,* trad. de A. Álvarez Villar, Madrid, Morata, 2012.
Lippmann, W., *Public Opinion,* San Diego, Harcourt Brace & Co., 1922 [trad. cast.: *La opinión pública,* Madrid, Cuadernos de Langre, 2003].
Lombroso, C. [1878], *L'uomo delinquente,* Milán, Bompiani, 2015 [trad. cast: *El hombre delincuente,* trad. de Giancarlo Perversi y Ramiro Isla, Buenos Aires, Salerno, 2022].
Merton, R. K., «La profecía que se cumple a sí misma», en *id., Teoría y estructura sociales,* trad. de Florentino Torner, Ciudad de México, Fondo de Cultura Económica, 1971, 2003.
Milanese, R., *L'ingannevole paura di non essere all'altezza. Strategie per riconoscere il proprio valore,* Milán, Ponte alle Grazie, 2020 [trad. cast.: *El engañoso miedo a no estar a la altura. Estrategias para reconocer el propio valor,* trad. de Maria Pons Irazazábal, Barcelona, Herder, 2021].
Nardone, G., *Paura, panico, fobie. La terapia in tempi brevi,* Milán, Ponte alle Grazie, 1993 [trad. cast.: *Miedo, pánico, fobias. La terapia breve,* trad. de Maria Pons Irazazábal, Barcelona, Herder, 2012].
—, *Psicosoluzioni. Risolvere rapidamente complicati problemi umani,* Milán, BUR Rizzoli, 1998 [trad. cast.: *Psicosoluciones. Cómo resolver rápidamente problemas humanos imposibles,* trad. de Juliana González, Barcelona, Herder, 2010].
—, *Cavalcare la propria tigre. Gli stratagemmi nelle arti marziali ovvero come risolvere problemi difficili attraverso soluzioni semplici,* Milán, Ponte alle Grazie, 2003 [trad.

cast.: *El arte de la estratagema,* trad. de Maria Pons Irazazábal, Barcelona, Herder, 2013].
—, *La dieta paradossale,* Milán, Ponte alle Grazie, 2007 [trad. cast.: *La dieta de la paradoja. Cómo superar las barreras psicológicas que te impiden adelgazar y estar en forma,* trad. de Joana Maria Furió, Barcelona, Paidós, 2009].
—, *Gli errori delle donne (in amore),* Milán, Ponte alle Grazie, 2010 [trad. cast.: *Los errores de las mujeres en el amor,* trad. de Paula Caballero Sánchez y Carmen Torres García, Barcelona, Paidós, 2011].
—, *Psicotrappole ovvero le sofferenze che ci costruiamo da soli. Imparare a riconoscerle e a combatterle,* Milán, Ponte alle Grazie, 2013 [trad. cast.: *Psicotrampas. Identifica las trampas psicológicas que te amargan la vida y encuentra las psicosoluciones para vivir mejor,* trad. de Carmen Torres García y Teresa Lanero Ladrón de Guevara, Barcelona, Paidós, 2014].
—, *L'arte di mentire a se stessi e agli altri,* Milán, Ponte alle Grazie, 2014 [trad. cast.: *El arte de mentirse a sí mismo y de mentir a los demás,* trad. de Antoni Martínez Riu, Barcelona, Herder, 2016].
—, *La nobile arte della persuasione. La magia delle parole e dei gesti,* Milán, Ponte alle Grazie, 2015.
—, *La terapia degli attacchi di panico,* Milán, Ponte alle Grazie, 2016 [trad. cast.: *La terapia de los ataques de pánico. Libres para siempre del miedo patológico,* trad. de Maria Pons Irazazábal, Barcelona, Herder, 2016].
—, *Sette argomenti essenziali per conoscere l'uomo,* Milán, Ponte alle Grazie, 2017 [trad. cast.: *Siete cuestiones esenciales para conocer al ser humano,* trad. de Juan Carlos Gentile, Barcelona, Plataforma Editorial, 2018].

—, *Emozioni. Istruzioni per l'uso,* Milán, Ponte alle Grazie, 2019 [trad. cast.: *Emociones. Instrucciones de uso,* trad. de Antoni Martínez Riu, Barcelona, Herder, 2020].
—, *Ipnoterapia senza trance. Parlare alla mente emotiva dell'altro,* Milán, Ponte alle Grazie, 2020 [trad. cast.: *Hipnoterapia sin trance,* Barcelona, Herder, en prensa].
— y Balbi, E., *Solcare il mare all'insaputa del cielo. Lezioni sul cambiamento terapeutico e le logiche non ordinarie,* Milán, Ponte alle Grazie, 2008 [trad. cast.: *Surcar el mar a espaldas del cielo. Lecciones sobre el cambio terapéutico y las lógicas no ordinarias,* trad. de Jordi Bargalló, Barcelona, Herder, 2009].
— y Bartoli, S., *Oltre se stessi. Scienza e arte della performance,* Milán, Ponte alle Grazie, 2019 [trad. cast.: *Más allá de uno mismo. La ciencia y el arte de la performance,* trad. de Maria Pons Irazazábal, Barcelona, Herder, 2019].
— ; — y Milanese, S., *Pragmatica della comunicazione digitale. Agire con efficacia online,* Milán, Ponte alle Grazie, 2020 [trad.cast.: *Pragmática de la comunicación digital,* trad. de Maria Pons Irazazábal, Barcelona, Herder, 2024].
— y De Santis, G., *Cogito ergo soffro. Quando pensare troppo fa male,* Milán, Ponte alle Grazie, 2011 [trad. cast.: *Pienso, luego sufro. Cuando pensar hace demasiado daño,* trad. de Pere Salvat Ferré, Barcelona, Paidós, 2012].
— y Rampin, M., *Terapie aparentemente magiche. L'analisi illusionistica dello stratagemma terapeutico,* Milán, McGraw-Hill Education, 2002.
— y Salvini, A. (eds.), *Dizionario Internazionale di Psicoterapia,* Milán, Garzanti, 2013 [trad. cast.: *Diccionario internacional de Psicoterapia,* trad. de Maria Pons Irazazábal, Barcelona, Herder, 2019].

—; Loriedo, C.; Zeig, J. y Watzlawick, P., *Ipnosi e terapie ipnotiche. Misteri svelati e miti sfatati,* Milán, Ponte alle Grazie, 2006 [trad. cast.: *Hipnosis y terapias hipnóticas. Una guía que desvela el verdadero poder de la hipnosis,* trad. de Jordi Bargalló, Barcelona, RBA, 2008].

—; Milanese, R.; Mariotti, R. y Fiorenza, A., *La terapia dell'azienda malata,* Milán, Ponte alle Grazie, 2000 [trad. cast.: *Terapia estratégica para la empresa. Soluciones en tiempo breve para resolver problemas en las organizaciones,* Barcelona, RBA, 2005].

— y Watzlawick, P., *L'arte del cambiamento. La soluzione dei problemi psicologici personali e interpersonali in tempi brevi,* Milán, Ponte alle Grazie, 1990 [trad. cast.: *El arte del cambio. Trastornos fóbicos y obsesivos,* trad. de Antoni Martínez Riu, Barcelona, Herder, 2012].

Nietzsche, F., *Jenseits von Gut und Böse. Vorspiel einer Philosophie der Zukunft,* 1886 [trad. cast.: *Más allá del bien y del mal,* trad. de Andrés Sánchez Pascual, Madrid, Alianza Editorial, 2006].

—, *Ecce homo. Wie man wird, was man ist,* 1888 [trad. cast.: *Ecce Homo,* trad. de Andrés Sánchez Pascual, Madrid, Alianza Editorial, 2005].

Patterson, M. L., «A sequential functional model of nonverbal exchange», *Psychological Review* 19/3 (1982), pp. 231-249.

Posner, M. I. y Boies, S. W., «Components of attention», *Psychological Review* 78 (1978), pp. 391-408.

Quilici, B. y Zahi, H., *Enigma Nefertiti. Il più grande mistero dell'antico Egitto,* Milán, Mondadori, 2017.

Rizzolatti, G. y Gnoli, A., *In te mi specchio. Per una scienza dell'empatia,* Milán, BUR, 2018.

— y Sinigaglia, C., *So quel che fai. Il cervello che agisce e i neuroni specchio,* Milán, Raffaello Cortina, 2006, 2019.
— y —, *Specchi nel cervello. Come comprendiamo gli altri dall'interno,* Milán, Raffaello Cortina, 2019.
— y Vozza, L., *Nella mente degli altri. Neuroni specchio e comportamento sociale,* Bolonia, Zanichelli, 2007.
Ross, L. y Nisbett, R. E., *Human Inference. Strategies and Shortcomings in Social Judgment,* Hoboken, Prentice Hall, 1980.
— y —, *The Person and the Situation. Perspectives of Social Psychology,* Londres, Pinter & Martin, 2011.
Salvini, A., «Gli schemi di tipizzazione della personalità in psicologia clinica e psicoterapia», en G. Pagliaro y M. Cesa-Bianchi (eds.), *Nuove prospettive in psicoterapia e modelli interattivo-cognitivi,* Milán, Franco Angeli, 1995.
Scandellari, R., *Fai di te stesso un brand. Essere autorevole e ispirare fiducia,* Palermo, Dario Flaccovio, 2021.
Schilder, P., *The Image and Appearance of the Human Body. Studies in the Constructive Energies of the Psyche,* Oxford, Kegan Paul, 1935 [trad. cast.: *Imagen y apariencia corporal. Estudios sobre las energías constructivas de la psique,* Ciudad de México, Paidós, 1994].
—, *Imagen y apariencia del cuerpo humano,* Buenos Aires, Paidós, 2019.
Senju, A., y Johnson, M. H., «Atypical eye contact in autism: Models, mechanisms and development», *Neuroscience and Biobehavioral Reviews,* 33 (8) (2009), pp. 1204-1214.
Sirigatti, S.; Stefanile, S. y Nardone, G., *Le scoperte e le invenzioni della psicologia. Un viaggio attraverso le ricerche più significative sull'uomo e il suo agire,* Milán, Ponte alle Grazie, 2008 [trad. cast.: *El descubrimiento*

y los hallazgos de la psicología, trad. de Carlos Vitale, Barcelona, Paidós, 2011].
Slade, P. D., «Body Image in Anorexia Nervosa», *The British Journal of Psychiatry* 153, S2 (1988), pp. 20-22.
Sokolov, E. N., «Neural models of stimuli and the orientating reflex», *Voprosy Psikhologii* 4 (1960), pp. 61-71.
Stevenson, R. L., *Strange Case of Dr Jekyll and Mr Hyde,* Londres, Longmans Green & Co., 1886 [trad. cast.: *El Doctor Jekyll y Mr. Hyde,* trad. de Carmen Criado, Madrid, Alianza Editorial, 2011].
Thorndike, E. L., *The Elements of Psychology,* Whitefish, Kessinger Legacy Reprints, 2010.
Todorov, A., *Face Value. The Irresistible Influence of First Impressions,* Princeton, Princeton University Press, 2017.
Tsvetkov, Y., *Atlas of Prejudice. Mapping Stereotypes,* CreateSpace Independent Publishing Platform, 2013.
Von Foerster, H., «Through the Eyes of the Other», en F. Steier, *Research and Reflexivity,* Londres, Sage, 1991.
Watzlawick, P., *How Real Is Real? Confusion, Disinformation, Communication,* Nueva York, Random House, 1976 [trad. cast.: *¿Es real la realidad? Confusión, desinformación, comunicación,* trad. de Marciano Villanueva Salas, Barcelona, Herder, 2003].
—, P.; Beavin, J. H. y Jackson, D. D., *Pragmatics of Human Communication. A Study of Interactional Patterns, Pathologies, and Paradoxes,* Nueva York, W. W. Norton & Co., 1967.
Wilson, S. W., *El samurái solitario. La vida de Miyamoto Musashi,* trad. de Alejandro Pareja Rodríguez, Madrid, Arkano Books, 2007.